Manfred Pohl

Josef Ackermann

Manfred Pohl

JOSEF ACKERMANN
LEISTUNG AUS LEIDENSCHAFT
EINE WÜRDIGUNG

VERLAG NEUE ZÜRCHER ZEITUNG

Frankfurter Allgemeine Buch

Bibliografische Information der Deutschen Nationalbibliothek
Die Deutsche Nationalbibliothek verzeichnet diese Publikation in der Deutschen Nationalbibliografie; detaillierte bibliografische Daten sind im Internet über http://dnb.d-nb.de abrufbar.

Manfred Pohl

Josef Ackermann

Leistung aus Leidenschaft
Eine Würdigung

F.A.Z.-Institut für Management-,
Markt- und Medieninformationen GmbH
Mainzer Landstraße 199
60326 Frankfurt am Main
Geschäftsführung: Volker Sach und Dr. André Hülsbömer

Frankfurt am Main 2012

ISBN 978-3-89981-283-1

Lizenzausgabe für die Schweiz:
Verlag Neue Zürcher Zeitung, Zürich 2012

ISBN 978-3-03823-797-6

NZZ Libro ist ein Imprint der Neuen Zürcher Zeitung

Frankfurter Allgemeine Buch

Umschlag Anja Desch
Satz Giulia Schneck
Titelbild Copyright Deutsche Bank
Druck Kösel GmbH & Co. KG, Am Buchweg 1, 87452 Altusried-Krugzell

Printed in Germany

myclimate
neutral

Inhalt

Vorwort

Josef Ackermann ist zweifelsohne einer der wirkungsmächtigsten Banker der ersten und beginnenden zweiten Dekade des 21. Jahrhunderts. Kein anderer Bankvorstand ist in der Bundesrepublik so umstritten und als Buhmann der Nation hochgespielt worden wie Ackermann. Lässt man aber allen Medienrummel und vor allem die kritische Berichterstattung um seine Person beiseite, so bleibt eine Persönlichkeit, die national und international in der Finanzwelt Geschichte geschrieben hat.

Die zehn Jahre, die er von Mai 2002 bis Mai 2012 an der Spitze der Deutschen Bank stand, haben nicht nur die Bank selbst verändert und in völlig neue Dimensionen geführt, sondern auch Maßstäbe im internationalen Finanzgeschehen bis hinein in die Politik und Kultur gesetzt. Als Statesman Banker war Ackermann von Bundeskanzler Gerhard Schröder ebenso wie von Bundeskanzlerin Angela Merkel und ihren Finanzministern Peer Steinbrück und Wolfgang Schäuble trotz gelegentlicher Differenzen, wie zum Beispiel bei dem Thema Bad Bank, gefragt. Aber auch auf der internationalen Bühne fungierte er nicht nur als Präsident des Institute of International Finance (IIF) als Ratgeber für zahlreiche Politiker und Regierungen in der ganzen Welt. Ackermann hat nicht nur die Deutsche Bank weltweit, sondern auch den Finanzplatz Frankfurt und Deutschland nach vorne gebracht.

Die Finanz- und Schuldenkrise hat aber auch verdeutlicht, dass die Ära Ackermann mit allen unbestrittenen Erfolgen zu Ende ist. Eine Eigenkapitalrendite von 25 Prozent und mehr vor Steuern und eine zu große Abhängigkeit vom Investmentbanking sind nicht die Zukunft. Das hat Ackermann bereits erkannt und mit der Stärkung des Heimatmarktes die Wende eingeleitet. Unter diesem Aspekt ist die neue Doppelspitze Jürgen Fitschen und Anshu Jain als zukunftsweisend zu verstehen.

Die vorliegende Biographie ist keine weitere journalistische Kritikschrift, sondern versteht sich als eine Würdigung der Leistung Ackermanns. Das heißt allerdings nicht, dass neben allen Erfolgen keine Kritik geübt werden soll. In diesem Buch liegt der Schwerpunkt auf Ackermanns zehnjähriger Tätigkeit als Chef der Deutschen Bank, seinen strategischen Handlungen in der Bank, seiner Rolle in Politik und Gesellschaft sowie seinem internationalen und kulturellen Engagement. Es mag überraschen, aber wer Ackermann näher kennt, weiß, dass er die Tugenden Vertrauen, Solidarität, Standhaftigkeit und Disziplin lebt und dass er alle Entscheidungen sowohl unter betriebswirtschaftlichen als auch ethisch-moralischen Gesichtspunkten traf und trifft. Dass hierunter Entscheidungen waren, die auf den ersten Blick oft zu Fehlinterpretationen führten und die Gemüter in Politik, Wirtschaft und Kultur erregten, hat in Deutschland sein Image als Buhmann geprägt, während er im Ausland – in seiner Heimat, der Schweiz, in den angelsächsischen Ländern, im asiatischen, afrikanischen oder südamerikanischen Raum – hohes Ansehen genießt.

Aufgrund des Mannesmann-Prozesses in den Jahren von 2003 bis 2006 und vor allen durch sein unglückliches Victory-Zeichen wurde Ackermann über die im Grunde sehr in sich geschlossene Finanzwelt hinaus einer breiten Öffentlichkeit bekannt, allerdings nicht im positiven Sinne. Dabei hat Ackermann während dieser Jahre den Grundstein für den Erfolg der Deutschen Bank gelegt und unbeirrt an seinen Zielen festgehalten. Die Deutsche Bank war und ist das einzige deutsche Bankinstitut, das international von Rang ist, obwohl Ackermann sein Ziel, eines der zehn weltweit führenden Finanzinstitute nach Marktkapitalisierung zu sein, nicht erreicht hat.

Für das vorliegende Buch wurden intensive Auswertungen der Geschäftsberichte, interner Unterlagen der Deutschen Bank, unter anderem der Zeitschrift Forum, und zahlreicher Presseberichte von 2002 bis 2012 vorgenommen. Darüber hinaus wurden für die Zeit bis 2006 unter anderem auch die beiden Biographien von Leo Müller und Erik Nolmans zu Rate gezogen. Nicht unerheblich ist auch die fünfzigjährige Zugehörigkeit des Autors zu diesem Institut, als Historiker und Mitarbeiter von Hermann J. Abs, aber vor allem als Kulturchef der Deutschen Bank von 2002 bis 2004, einem kurzen Zeitraum, in dem die Kulturaktivitäten der Deutschen Bank unter einem Dach weltweit zusammengeführt wurden.

Für die Materialauswertung, Bildrecherche und Chronik gilt Carina Feuerriegel besonderer Dank.

Frankfurt am Main, im März 2012
Manfred Pohl

I Der Weg an die Spitze

1 Herkunft und Bildung

Arthur Schopenhauer, der Philosoph, der viele Jahre seines Lebens am Finanzplatz Frankfurt am Main verbrachte, reduziert mit seinen Aphorismen das Los der Menschen auf drei Grundbestimmungen.

1. Was einer *ist*: also die Persönlichkeit im weitesten Sinn. Unter diese Rubrik zählt er Gesundheit, Kraft, Schönheit, Temperament, moralischen Charakter, Intelligenz sowie die Ausbildung aller dieser Eigenschaften.
2. Was einer *hat*: also Eigentum und Besitz.
3. Was einer *vorstellt*: also was ein Mensch in der Vorstellung der anderen darstellt, zum Beispiel in Form von Ehre, Rang und Ruhm.

Die Persönlichkeit ist in die Wiege gelegt, wird aber dann wesentlich vom Elternhaus, von Erziehung und Bildung, geprägt.

Josef Meinrad Ackermann, kurzgenannt Joe, geboren am 7. Februar 1948 in Mels in der Nähe von Sargans, wo sein Vater Karl Ackermann eine Praxis für Allgemeinmedizin betrieb, erlebte im neu gebauten Haus in Mels eine unbeschwerte Kindheit im Kreise der Großfamilie, einem Dreigenerationenhaushalt: Großeltern, Eltern und Brüder. Sie vermittelten ihm Basisvertrauen und Solidarität, aber auch Disziplin, Standhaftigkeit und gleichzeitig eine Gelassenheit, die sein späteres Leben, seine Karriere, entscheidend prägten.

Seine Mutter Margrith, Gritli gerufen, stammte aus der Gemeinde Wädenswil, einer kleinen Stadt am Ufer des Zürichsees. Sie brachte ihm trotz aller Abwechslung von außen das rechte Maß eines glücklichen Lebens bei, jene Individualität, die sie ihm als eine klare und nachhaltige Lebensweisheit mit auf den Weg gab. Denn die höchsten, die mannigfaltigsten und die anhaltenden Genüsse sind die geistigen, wie sehr auch die Jugend darüber hinwegtäuschen mag, wie Schopenhauer bemerkt.

Als Ackermann zehn Jahre alt war, schrieb sein Vater ihm seine Lebensweisheit auf einen kleinen Zettel, den er bis heute in seiner Geldbörse bei sich trägt (Der Spiegel, Ausgabe 14/2010):

In Anderer Glück sein eigenes finden,
Ist dieses Lebens Seligkeit –
Und anderen Menschen Wohlfahrt gründen,
Schafft göttliche Zufriedenheit.

In der Familie lernte er den Sinn für Gemeinschaft, Vertrauen und Bodenständigkeit. Aber im Laufe seiner Entwicklung erkannte Ackermann auch die Enge, das Kleinbürgerliche, das Gefühl, festgefahren zu sein in der kommunalen, höchstens regionalen Bedeutung seiner Umgebung in Mels. Er sah klar seinen eingeschränkten Aktionsradius, charakterisiert und symbolisiert durch seine Großväter, die mütterlicherseits als Museumsdirektor im Schloss Sargans und väterlicherseits als Vorarbeiter beim Stellwerk des Bahnhofs Sargans zwar solide lebten, aber keinen Drang verspürten, über die Region hinaus zu denken und zu agieren. Josef Ackermann respektierte und achtete die Entscheidung seiner Großeltern und Eltern, hatte aber Größeres vor, auch wenn er immer wieder gern zu seinen Wurzeln zurückkehrt.

Dieser Drang brachte ihn in einen Konflikt mit dem Wertesystem seines Vaters, der Solidarität mit Standhaftigkeit und Heimatverbundenheit vor Ort gleichsetzte. Ackermanns Ziel lag jedoch frühzeitig in einem überregionalen Denken, er wollte eines Tages global agieren.

Seine jüngeren Brüder Karl (geboren 1949) und Daniel (geboren 1950) sahen in ihm nicht nur den älteren Bruder, sondern erkannten früh seine Dominanz in vielen Bereichen.

„Er war von zu Hause mit einer großen Portion Urvertrauen ausgestattet. Im Sport und im ‚Pfadilager' war er immer der Captain."
(Zitat seines Bruders Daniel, in: Leo Müller, S. 47)

Er war kein Lausbube, aber auch kein Streber, er agierte eher locker und gehörte zu den Besten, in der Primarschule in Mels ebenso wie im Gymnasium in Chur, wo er mit 19 Jahren die altsprachliche Matura ablegte. Er war ein ehrgeiziger Schüler und sehr diszipliniert. Er setzte sich hohe Ziele. Seine besondere Begeisterung galt John F. Kennedy, der 1961 die „Allianz des Fortschritts" verkündete.

Nach der Matura musste er seinen Militärdienst bei der Schweizer Armee zunächst als Rekrut absolvieren. Die Schweizer Armee ist bekannt dafür, dass sie neben der militärischen Ausbildung die Funktion eines Netzwerkes besitzt. Die Kontakte in der Armee dienen auch heute noch der Berufsplanung, der Karriere und bestimmen für viele den nachfolgenden Lebensweg. Das wird auch Ackermann genutzt haben. Als Vorgesetzter beim Militär wurde Ackermann geschätzt:

„Der Ackermann, der war als Offizier völlig in Ordnung."
(Ein Militärkollege, in: Handelsblatt vom 23.11.2011)

Vor allem aber gewann Ackermann in dieser Zeit zahlreiche führungspsychologische Erkenntnisse. Er lernte in jungen Jahren beim Militär Führungsqualitäten, die er in seiner späteren Berufskarriere nutzen konnte. Er erlernte hier Mannschaftstreue und Entscheidungen zu treffen. Seine Eigenschaft, an Mitarbeitern festzuhalten, die zu ihm halten, ist in dieser Zeit geprägt worden. Es entstanden Freundschaften mit Personen aus allen Schichten, die er bis heute pflegt. Aber die Militärzeit vermittelte ihm auch jenes Durchhaltevermögen, das Ackermann in seinem Berufsleben vor allem in Krisensituationen auszeichnet. Seine Militärkarriere – vom Rekruten zum Stabsoffizier (Oberst) – war nur eine logische Konsequenz seiner Persönlichkeit und seines Charakters, nach vorne zu schauen und nach oben zu streben.

Die anschließende Studienwahl fiel ihm zunächst nicht leicht. Er musste sich zwischen den Interessengebieten Medizin, Politik und Wirtschaft entscheiden. Vielleicht dachte der Opernliebhaber und passionierte Hobbymusiker, der sowohl Klavier- als auch Gesangstunden nahm, auch im Inneren daran, Opernsänger zu werden. Schließlich fiel seine Wahl auf die Wirtschafts- und Sozialwissenschaften an der Universität St. Gallen (HSG), eine Elitehochschule, an der „eine sehr internationale Bande studierte, eine Familie, für die der Prager Frühling prägender als die spätere Studentenbewegung in den europäischen und amerikanischen Universitätsstädten war". So skizziert sein Kommilitone Bjørn Johansson, heute einer der erfolgreichsten Headhunter der Welt, das Wertesystem der Universität und somit auch die Persönlichkeits- und Charakterbildung der dortigen Studenten.

Nach dem Lizentiat in der Fachrichtung Bankwirtschaft arbeitete Ackermann ab 1973 als wissenschaftlicher Assistent am Lehrstuhl von Hans Christoph Binswanger und promovierte 1977 zum Thema „Einfluss des Geldes auf das reale Wirtschaftsgeschehen".

> Widmung für die Eltern in der Veröffentlichung und Dank an „Frl. P. Mölsä, Lic. oec., welche mein schlecht leserliches Manuskript in eine druckreife Form brachte."
> *(in: Leo Müller, S. 70)*

Da Ackermann von 1973 bis 1977 als Lehrbeauftragter für Geldpolitik und Geldtheorie an der HSG gearbeitet hatte, glaubte jeder, dass Ackermann eine wissenschaftliche Karriere einschlagen würde. Binswanger hat das wissenschaftliche Denken Ackermanns stark geprägt, vor allem weil dessen Forschungsgebiete Umwelt- und Ressourcenökonomie, Geldtheorie, Geschichte der Wirtschaftstheorie und Europäische Integration umfassten. Ackermanns Sinn für grenzüberschreitendes und interdisziplinäres Arbeiten schärften sein Denken, und er lernte den Zusammenhang von Ökonomie und Ökologie kennen, eine Denkweise, die in seiner späteren Bankkarriere die gesellschaftspolitische Verantwortung thematisierte.

„Er war gegen die Neoklassik und damit gegen Friedman eingestellt. Er war weder Keynesianer noch Monetarist.“
(Hans Christoph Binswanger, in: Leo Müller, S. 71)

Ackermanns humanistische Prägung durchzieht sein Handeln. Ciceros „De officiis“, die Lehre vom pflichtgemäßen Handeln, das alltägliche Leben jener Tugenden, die ihm all jene Eigenschaften vermittelten, sich vor nichts zu fürchten, erhaben zu sein über alles Menschliche, nichts für unerträglich zu halten, was Menschen widerfahren kann, das waren Eigenschaften, die er lebte, ohne ständig darüber zu reden. Er wusste, dass er Nutzen und Sittlichkeit nicht voneinander trennen durfte.

Dass er gesellschaftspolitisch übergreifend dachte, eine klare philosophische und ökonomische Meinung besaß, die vermittelte, dass über Modellwelten und Mathematik leicht der Bezug zur Realität verlorengehen kann, war schon früh sichtbar.

1977 war ein richtungsweisendes Jahr, nicht nur wegen der Promotion, sondern auch wegen seiner Heirat mit der Finnin Pirkko Mölsä, die ebenfalls in St. Gallen studierte. Im Mai 1984 wurde die Tochter Catherine geboren.

Im Frühjahr 1977 unterrichtete Ackermann seinen wissenschaftlichen Mentor, dass er seine wissenschaftliche Karriere aufgeben und in die Schweizerische Kreditanstalt (SKA), der späteren Credit Suisse, wechseln wolle.

Hier begann eine beispielhafte Karriere, die ihren Höhepunkt 1990 erreichte, als Ackermann Generaldirektor der Credit Suisse wurde, zuständig für internationale Unternehmen innerhalb des Investmentbankings. 1993 wurde er zum Präsidenten ernannt.

„Nach der Hochschule freute ich mich auf die Praxis und die weltweiten Kontakte. Dafür blieb keine Zeit mehr, in aller Ruhe einen Text zu schreiben. Als Präsident der Generaldirektion bin ich quasi immer auf andere angewiesen, die die Details ausarbeiten. Ich muss aufpassen, dass

ich nicht nur noch reproduziere, was andere für mich getan haben, sondern dass ich auch Zeit finde, Dinge selber durchzudenken. Ich bin mehr ‚ausgestellt', ich werde von Angestellten angesprochen, die ich noch nie gesehen habe. Ich erhalte Briefe von Leuten, die ich nicht kenne. Andere machen Aussagen über mich, die mich gar nicht kennen. Da muss ich mir eine dickere Haut aneignen. Da muss man aufpassen, dass man nicht abhebt, weil man hinaufstilisiert wird. Ich finde es wichtig, dass man so bleibt, wie man ist. ‚Echt' zu sein ist für mich das Entscheidende."
(Josef Ackermann, in: Leo Müller, S. 95)

Ackermann ist in Sitzungen und bei Verhandlungen, wie zum Beispiel bei den schwierigen Verhandlungen bei der Fusion der Schweizerischen Volksbank und der Credit Suisse, hockkonzentriert und immer gut vorbereitet, Fehler entgehen ihm selten.

„Aber auch dann bleibt er fair. Er hat zudem ein untrügliches Gefühl für Menschen, die ihm in der Sache nützen. Er hat keine Angst vor exzellenten Leuten – im Gegenteil."
(Manfred Timmermann, Professor an der St. Gallen Universität, in: Manager Magazin vom 21.05.2002)

Ackermanns Verhältnis zu dem großen Vorbild bei der Credit Suisse, Rainer E. Gut, war sehr fragil, da er die Credit Suisse fundamental reorganisieren wollte. So kam es zu Auseinandersetzungen mit Gut, die am 2. Juli 1996 zur Trennung führten. Roger de Weck, langjähriger Herausgeber der „Zeit", zeigte auf, dass Ackermann mit seiner Einschätzung der falschen Methoden bei der Credit Suisse recht behielt.

„Die Entwicklung hat Ackermann nachträglich Recht gegeben. Die hemdsärmeligen Methoden haben sich nicht ausgezahlt. Die Credit Suisse ist heute in schlechtem Zustand. Er hatte Substanz genug zu gehen."
(Roger de Weck, in: Manager Magazin vom 21.05.2002)

2 Eintritt in die Deutsche Bank

Der damalige Vorstandssprecher der Deutschen Bank, Hilmar Kopper, kannte Ackermann von der gemeinsamen Arbeit im Aufsichtsrat der Bayer AG und vielen Begegnungen und Diskussionen im europäischen Bankenclub Institut International d'Etudes Bancaires (IIEB).

Als Kopper von Ackermanns Ausscheiden bei der Credit Suisse erfuhr, rief er ihn sofort an und bot ihm eine Mitarbeit im Vorstand der Deutschen Bank an. Ackermann erbat sich eine Woche Bedenkzeit und bekundete dann Interesse an vertiefenden Gesprächen in Frankfurt, nachdem Kopper den Aufsichtsrat und Vorstand von Ackermann überzeugt hatte.

> „Joe, it's time to move over."
> *(Hilmar Kopper, in: Erik Nolmans, S. 69)*

Bei weiteren Gesprächen bot Kopper Ackermann die Mitgliedschaft im Vorstand der Deutschen Bank an, ohne ihm eine Zusage zu geben, einmal Sprecher des Vorstandes zu werden. Aber er ahnte, dass Ackermann das Zeug dazu hatte.

Am 1. November 1996 wurde Ackermann Vorstandsmitglied der Deutschen Bank. Mit Michael Dobson und Ronaldo Schmitz teilte er die Zuständigkeit für das Investmentbanking. Das Investmentbanking sollte zur starken Säule in der Deutschen Bank ausgebaut werden. Diese klare Neuausrichtung führte zu erheblichen Diskussionen und Auseinandersetzungen im Vorstand der Deutschen Bank. Nicht jeder konnte sich mit einer Verlagerung wichtiger Entscheidungsfunktionen nach London abfinden. Dennoch trieben besonders Kopper, Breuer, Schmitz, Dobson, Ackermann und die Londoner Gruppe um Mitchell, Cohrs, Philipp und Jain den Strukturwandel der Bank zielstrebig voran. So übernahm Ackermann folgerichtig im Frühjahr 1998 die alleinige Zuständigkeit für das Investmentbanking.

Ackermann handelte hierbei nach seiner Grunddevise: Keine zu risikoreichen Geschäfte, nicht der Bruttoertrag, sondern die Profitabilität ist der Maßstab für die Entlohnung. Ackermanns klare und führungsstarke Linie brachte ihm in New York, wo er für das Investmentbanking verantwortlich war, hohe Anerkennung ein und festigte seine Position konsequenterweise auch in London und Frankfurt am Main.

Im November 1998 bot sich die Gelegenheit, in New York die Bankers Trust zu kaufen – nicht gerade eine der Top-Adressen, aber ein Institut, das erst kürzlich die renommierte Investmentbank Alex Brown & Sons in Baltimore übernommen hatte und damit die Basis des Investmentbankings in der Deutschen Bank erheblich erweitern und verbreitern konnte. Der Kauf von Bankers Trust, der achtgrößten US-Bank, erregte in den USA großes Aufsehen, war dieser Erwerb doch bis zu diesem Zeitpunkt die größte Bankenübernahme durch ein ausländisches Institut. Bankers Trust stand mehrmals vor der Insolvenz, und auch der umtriebige Frank Newman konnte die Bank nicht dauerhaft auf eine solide Basis stellen. Die Deutsche Bank zahlte 9,7 Milliarden US-Dollar und musste darüber hinaus zusätzlich hohe Abfindungen und Strafen aufgrund früherer Verfehlungen zahlen. Ackermann übernahm die Aufgabe, Bankers Trust in die Deutsche Bank zu integrieren, eine Herkulesaufgabe, da es nicht nur galt, die Geschäftsbereiche neu zu ordnen, sondern gleichzeitig auch zwei völlig unterschiedliche Kulturen zusammenzuführen.

In den nächsten Monaten strukturierte er das Investmentbanking in New York völlig neu, integrierte die Spezialisten von Alex Brown und zeigte seine Führungsstärke, auch als führende Investmentbanker die Deutsche Bank verließen.

> „The truth is we lost people, because they were too expensive."
> *(Edson Mitchell, in: Risk Management von Sept. 1999)*

Es gelang Ackermann innerhalb kurzer Zeit, die von einer schweren Identitätskrise gebeutelte Bank und ihre Mitarbeiter zu integrieren.

> „Wir haben bei Bankers Trust nicht die Leichen im Keller gefunden, von denen immer die Rede war."
> *(Josef Ackermann, in: Die Welt vom 01.09.1999)*

Nach der Umstrukturierung des Investmentbankings in New York war die gelungene Integration von Bankers Trust die zweite Großtat Ackermanns innerhalb eines Jahres. Mit dem Kauf von Bankers Trust und der eindeutigen Ausrichtung der Deutschen Bank auf das Investmentbanking war auch der Machtkampf im Vorstand entschieden. Michael Endres (1998) und Jürgen Krumnow (1999) verließen die Bank. Hermann-Josef Lamberti, zu diesem Zeitpunkt Vorstandsvorsitzender der IBM-Deutschland, Clemens Börsig, der damalige Finanzvorsteher der RWE AG, und Thomas Fischer, zu dem Zeitpunkt im Vorstand der Landesgirokasse Stuttgart, zuvor aber bereits lange Jahre in der Deutschen Bank, wurden in den Vorstand berufen. Sie trugen die neue Struktur der Bank voll mit.

Der Herbst 1999 und das Frühjahr 2000 waren von den Fusionsverhandlungen zwischen der Dresdner Bank und der Deutschen Bank geprägt. Rolf-E. Breuer und Bernhard Walter hatten diese eingefädelt, wobei der Hauptaktionär der Dresdner Bank, die Allianz AG, mit ihrem Finanzvorstand Paul Achleitner, der gerade von der US-Investmentbank Goldman Sachs zur Allianz gewechselt war, eine tragende Rolle spielte. Die Londoner Gruppe um Edson Mitchell, Global Markets, Mike Philipp und Michael Cohrs, Investment Department, sowie Anshu Jain sah keine Synergieeffekte in dieser Fusion, vor allem nicht im Investmentbanking, da Dresdner Kleinwort-Benson nach Meinung der Londoner Investmentbanker sofort hätte verkauft werden müssen. Kopper und Ackermann verhielten sich während der Verhandlung loyal, aber zurückhaltend. Der Deal platzte schließlich, und Breuer musste am 5. April 2000 das Scheitern der Fusion dem Aufsichtsrat bekanntgeben.

Es kann lange und ausgiebig darüber spekuliert werden, wie die Geschichte der Deutschen Bank verlaufen wäre, hätte sie an dem Deal mit der Dresdner Bank und der Abgabe vor allem der DWS festgehalten. Fest steht, dass die Deutsche Bank längst andere Weichen gestellt hatte. In der Londoner City war am 16. Juli 1999 das erweiterte Winchester House mit einem neuen Handelszentrum eingerichtet worden. Ackermann sagte klipp und klar bei der Einweihung, er wolle die Bank im Investmentbanking an die Spitze führen, obwohl zu diesem Zeitpunkt die Konkurrenz in London und New York noch skeptisch reagierte.

> „Nach wie vor gilt die Bank in der angelsächsischen Presse als ‚starched shirt', als gestärktes Hemd – Sinnbild für einen altmodischen und unflexiblen Giganten."
> *(Handelsblatt vom 16.07.1999)*

Zu diesem Zeitpunkt dominierte die Deutsche Bank vor allem im internationalen Anleihehandel, dem Geschäft mit Devisen und Projektfinanzierungen, wobei sie in diesen drei Bereichen die Plätze eins bis drei belegte. Auch bei der Betreuung und dem Aufbau großer Vermögen, dem Asset Management, und der Aufbewahrung von Wertpapieren war die Deutsche Bank führend. Defizite hatte sie im äußert lukrativen Geschäft der Beratung bei Unternehmensfusionen und im Geschäft mit Börsengängen. Hier erreichte die Deutsche Bank nur europäisches Niveau.

> „In zwei, drei Jahren werden wir in allen Bereichen ganz vorne dabei sein."
> *(Josef Ackermann, in: Die Welt vom 19.05.2000)*

Mitchells Team in London, wo etliche hundert Händler in einem Raum so groß wie ein Fußballplatz vor ihren Bildschirmen agierten, erzielte 1999 rund vier Milliarden Euro, das waren 20 Prozent der gesamten Konzernerträge. Wie sehr die Deutsche Bank vom Handel mit Anleihen und Aktien abhängig war, von den Kursbewegungen an den Börsen profitierte und wie sehr sie auf die Entwicklung am Kapitalmarkt angewiesen war, zeigten die ersten drei Quartale des Jahres 2000. Die Deutsche Bank verdiente in diesem Zeitraum 58 Prozent ihrer Erträge im Investmentbanking.

Ackermanns Weg an die Spitze der Deutschen Bank ist geprägt und gekennzeichnet von der Entwicklung der Deutschen Bank zur Investmentbank. Hilmar Kopper hatte diese Entwicklung konsequent vorangetrieben und das Investmentbanking seit 1994 mit Kraft und

Weitsicht aufgebaut. 1995 holte er von Merrill Lynch Michael Cohrs und Edson Mitchell, die zusammen mit ihren Kollegen Mike Philipp und Anshu Jain dort in London die Basis des Investmentbankings gelegt und eine starke und schlagfertige Truppe geschaffen hatten. Nach der Übernahme von Bankers Trust (1998) und dem Debakel der Fusion mit der Dresdner Bank (1999/2000) arbeiteten sie zielstrebig auf eine Deutsche Bank als Investmentbank hin. Die Protagonisten dieser „neuen Bank" waren Hilmar Kopper, Rolf-E. Breuer, Edson Mitchell, Anshu Jain, Mike Philipp, Michael Cohrs und Josef Ackermann.

Als Ackermann 1996 zur Deutschen Bank kam, herrschte in London Aufbruchsstimmung im Investmentbanking, obwohl die Strukturen noch dürftig waren. In Fluren und auf Treppen tätigten fest entschlossene junge Investmentbanker mit ihren Laptops Geschäfte, die das Herzstück des Erfolges der Deutschen Bank werden sollten.

Mitchell, Philipp, Cohrs und Jain akzeptierten ausschließlich Ackermann als ihren „Chef" und ließen keine Gelegenheit aus, diese klare Präferenz überall und gegenüber allen zu dokumentieren. Ackermanns Erfolge in New York und London hatten hierzu den Grundstein gelegt.

Die Deutsche Bank „made by Ackermann", wie Roger de Weck in der „Zeit" vom 28. September 2000 schrieb, hatte nur einen Kandidaten für die Nachfolge von Rolf-E. Breuer an der Spitze der Deutschen Bank zu bieten, nachdem Thomas Fischer resigniert aufgegeben hatte. In der Aufsichtsratssitzung am 23. Oktober 2000 wurde Ackermann der designierte Nachfolger von Breuer.

Am 23. Dezember 2000 stürzte Edson Mitchell mit seinem Privatflugzeug bei Rangeley im US-Bundesstaat Maine ab. Der Tod von Mitchell hinterließ eine tiefe Lücke in der Struktur der Deutschen Bank.

> „Ich wäre mit ihm bis ans Ende der Welt gegangen."
> *(Anshu Jain über Edson Mitchell, in: Der Spiegel, 29/2000)*

Anshu Jain, Michael Cohrs und Mike Philipp übernahmen Mitchells Aufgabenbereiche. Am 31. Januar 2001 wurde die Führungsstruktur der Deutschen Bank nach den Plänen von Breuer und Ackermann mit Unterstützung des Aufsichtsratsvorsitzenden neu gestaltet. Es entstanden zwei Säulen:

Erste Säule: Corporate & Investment Bank (Ackermann)
Zweite Säule: Private Clients & Asset Management (Breuer)

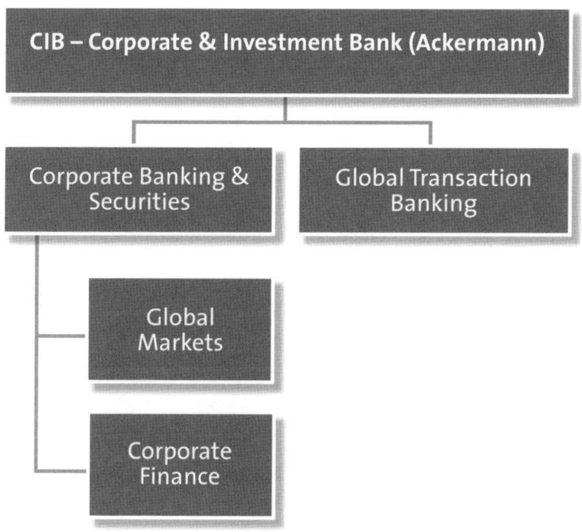

Abbildung 1: Erste Säule: Corporate & Investment Bank (Ackermann)

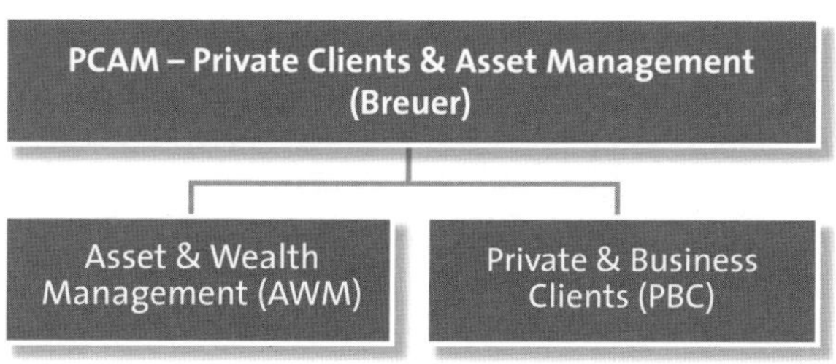

Abbildung 2: Zweite Säule: Private Clients & Asset Management (Breuer)

Die beispiellose Entwicklung der Deutschen Bank in den vorangegangenen Jahren erforderte eine stringentere Führungsorganisation. Die Struktur musste den Vorgaben des deutschen Aktienrechts gerecht werden und sollte auf zwei Aspekten basieren: Führungseffizienz und klare Verantwortung. Die Bildung eines eigenständigen Group Executive Committee zum 31. Januar 2002 neben dem Vorstand verband rechtliche und historische Rahmenbedingungen der Unternehmensführung, wie das Kollegialprinzip, erfolgreich mit den Notwendigkeiten moderner Unternehmensführung.

> „Die neue Führungsstruktur der Deutschen Bank ermöglicht ihrem designierten Chef Josef Ackermann mehr Führung aus einer Hand."
> *(Roland Berger, in: Forum März 2002, S. 20)*

Die neue Führungsstruktur war die Voraussetzung, das größte deutsche Bankhaus zu gestalten, und stellte die Bank für die Erfordernisse einer globalisierten Wirtschaft auf. Der zukünftige Chef der Deutschen Bank konnte nun ähnlich wie ein amerikanischer CEO agieren. In das Group Executive Committee konnte er die für ihn entscheidenden Persönlichkeiten für das operative Geschäft aufnehmen. Hier sollten die wichtigsten Entscheidungen über Strategien und Business fallen. Das hieß konkret: Alle Fäden liefen bei Ackermann zusammen. Kopper hatte die Vorgaben – das Wertesystem – für die führende Persönlichkeit in der Bank gegeben.

> „An der Spitze der Deutschen Bank muss eine Führungspersönlichkeit stehen. Nennen Sie ihn CEO oder Vorstandssprecher. Es muss ein Mann mit Charisma sein, der die große Linie des Hauses vorgibt."
> *(Hilmar Kopper, Aufsichtsratsvorsitzender der Deutschen Bank)*

Es war klar, dass Kopper nur Ackermann gemeint haben konnte. Ackermann hatte das erste Ziel auf seinem Karriereweg in der Deutschen Bank erreicht: Sprecher des Vorstandes und CEO des Executive Committee.

II One Bank Culture – die Basis des Handelns

Nach der Hauptversammlung am 22. Mai 2002 wurde Josef Ackermann Vorstandssprecher der Deutschen Bank und gleichzeitig Chairman des Group Executive Committee. Der Amtsantritt fiel in eine äußerst schwierige Zeit, nämlich in die Phase der europäischen Bankenkonsolidierung. Zwar hatte die Deutsche Bank als einziges Institut in Deutschland eine Plattform geschaffen, um in der Weltliga der großen Banken einen ihr zustehenden Platz einzunehmen, aber alles befand sich erst im Stadium des Beginnens. Es lag eine Herkulesaufgabe vor Ackermann, und niemand wusste, auch er selbst nicht, ob der Weg, den er vorgab, zum Ziel führen würde. Aber es entsprach der Persönlichkeit Ackermanns, dass er klar und zielorientiert definierte, wie er die Deutsche Bank trotz zu geringer Marktkapitalisierung im globalen Wettbewerb in der Weltliga weiter nach vorne bringen konnte.

Sofort nach seinem Amtsantritt gab er die Richtung vor, wie er den Unternehmenswert der Bank langfristig steigern werde. Es war für ihn klar, dass ein strategischer Eckpfeiler für die nachfolgenden Jahre die Konzentration auf eine Ertragssteigerung in jenen Geschäftsfeldern sein müsse, in denen die Deutsche Bank bereits eine starke Position hatte.

In vier Transformationsphasen (vier Managementagenden) von 2002 bis 2011 formulierte er die strategischen Ziele der Bank. Das konsequente Durchsetzen von Anfang an bis zu seinem Ausscheiden schuf nicht nur Kontinuität, sondern war entscheidend für den Erfolg. Seine Äußerungen zur gesellschaftspolitischen Verantwortung und der One Bank Culture lesen sich 2011 inhaltlich genauso wie 2002. Bei allem Erfolgsdenken war Ackermann bewusst, wie wichtig es ist, integer und sozial verantwortungsbewusst zu handeln. Für ihn stand unumstößlich von Beginn an fest, was er Anfang 2011 zusammenfasste:

> „Die Deutsche Bank verfolgt eine Null-Toleranz-Politik im Hinblick auf Verstöße gegen rechtliche und regulatorische Auflagen wie auch geltende ethische Standards. Durch die Finanzkrise hat sich das Umfeld, in dem wir operieren, verändert. Regierungen, Aufsichtsbehörden, Kunden und die breite Öffentlichkeit beobachten das Verhalten der Banken heute verständlicherweise genauer – kritischer – als je zuvor. Dem müssen wir Rechnung tragen."
> *(Josef Ackermann, in: Forum 2/2011, S. 3)*

Er verlangte daher von Anfang an von jedem Einzelnen, die Integrität und Glaubwürdigkeit der Deutschen Bank zu hüten und ein Botschafter für die Werte der Bank zu sein. Dieses Wertesystem verkündete er bei seinem Amtsantritt 2002 und hielt daran bis zu seinem Ausscheiden im Mai 2012 fest.

Verantwortungsbewusst handeln, zugleich alle Regeln einhalten und dennoch erfolgreich sein, schlossen sich nach seiner Meinung nicht aus. Auf der Hauptversammlung 2011 drückte er diese Erkenntnis sicherlich auch als Folge seiner Erfahrungen aus der Subprime-Krise wie folgt aus:

> „Kein Geschäft ist es wert, den guten Ruf der Bank aufs Spiel zu setzen."
> *(Josef Ackermann, in: Forum 2/2011, S. 3)*

Ackermann hatte sich von Beginn seiner Amtszeit an rigoros für das Prinzip der „Null Toleranz" bei Rechtsverstößen gegen ethische und moralische Prinzipien eingesetzt.

Und auch hier zeigt sich Ciceros Einfluss: „Wer Nutzen und Sittlichkeit voneinander trennt, zerstört die Grundgesetze der Natur." Die Reputation war und ist für einen Finanzdienstleister eine der wichtigsten Voraussetzungen, um dauerhaft erfolgreich zu sein. Die globale Finanz- und Wirtschaftskrise hat verdeutlicht, dass ethische Werte und gesellschaftspolitische Verantwortung immer wieder in den Blickpunkt der Öffentlichkeit geraten. Hierbei vertritt Ackermann die Ansicht, dass nicht alles, was legal ist, auch legitim ist.

Hans Christoph Binswanger und Josef Ackermann loteten in einem hochspannenden Gespräch 2009 über Goethes „Faust" die Theorie des Nutzens und der Sittlichkeit aus. Die Aufforderung des Kaisers „Es fehlt das Geld. Nun gut, so schafft es denn!" durchzieht wie ein roter Faden Goethes Denken in Faust. Papiergeldschöpfung geht in der modernen Wirtschaft in eine Wertschöpfung ohne natürliche Grenzen über. In Ackermanns Dissertation steht die Geldschöpfung ebenfalls im Mittelpunkt. Dabei lehnt er staatliche Gleichgewichtsmodelle ab, in denen alle Transaktionen gleichzeitig stattfinden, die Zeit also keine Rolle spielt. In seiner Wette mit Mephistopheles setzt Faust die Zeit aufs Spiel. Die Zeit soll ihm verlorengehen, wenn er „den höchsten Augenblick" erreicht. Den erreicht Faust, als er meint, dauerhaftes Wirtschaftswachstum, unbegrenzte Wohlstandsmehrung verwirklicht zu haben, so die Interpretation Binswangers. Wenn man die zeitlichen Prozesse berücksichtigt, so Ackermann – etwa dass man Geld erst ausgeben kann, wenn man es verdient hat –, kommt man zu anderen Schlussfolgerungen. Dann spielen Geld und Geldschöpfung eine zentrale Rolle. In den herkömmlichen Modellen, so die Meinung Ackermanns, ist dies bis heute unterbelichtet:

> „Nicht zuletzt die aktuelle Finanzkrise hat gezeigt, dass die Auswirkungen der Geldsphäre auf die reale Wirtschaft noch zu wenig erforscht sind."
> *(Interview mit Hans Christoph Binswanger, in: F.A.Z. vom 30.09.2009)*

Ackermann vertrat vehement die Ansicht, dass Banken, die sich von dem reinen Modelldenken lösen konnten und die Situation in ihrer Gesamtheit – oder wie Faust es ausdrückt: „alles zum Ganzen webt" –, beurteilt haben, in der Krise besser gefahren seien.

Ackermann wollte immer am Schöpfungsprozess der Wirtschaft teilhaben und am Fortschritt mitwirken. Auch hier lässt sich mit Goethe sprechen: „Das ist der Wahrheit letzter Schluss. Nur der verdient sich Freiheit wie das Leben, der täglich sie erobern muss." (Goethes Faust Teil 2) Mit anderen Worten ausgedrückt, beschreibt dies die Verantwortung gegenüber dem Gesamtsystem, indem Nutzen geschafft, aber die Sittlichkeit gewahrt werden. Dieses Wertesystem zu erkennen, ist unerlässlich, um die späteren Handlungen Ackermanns zu verstehen.

Nicht erst die Krisen zu Beginn der Amtszeit von Ackermann und auch nicht der Kollaps der US-Investmentbank Lehman Brothers erschütterten die Finanzindustrie und forderten ein neues Wertesystem. Diese Debatte war zu allen Zeiten mehr oder weniger stark präsent. Ackermann stand von Anfang an im Fokus der öffentlichen Meinung und musste alle Höhen und Tiefen durchleben, da viele seine Strategie nicht verstanden. Mehr denn je sah sich die Bank daher mit Fragen ihrer Stakeholder – Kunden, Aktionäre, Mitarbeiter, Gesellschaft – nach Werten und ethischen Prinzipien konfrontiert. Es ging hierbei im Wesentlichen um ein wertorientiertes Management, das vorausschauend nicht nur gesamtwirtschaftliche und unternehmerische Risiken erkennt und entsprechend absichert, sondern auch bereit ist, soziale Verantwortung zu übernehmen. Das hieß für Ackermann konkret: die Personalstruktur verantwortlich der Geschäftssituation anzupassen, die Mitarbeiter zu fördern, möglichst umweltgerechte Produkte und Dienstleistungen zu entwickeln und gesellschaftlichen Mehrwert zu schaffen.

> „Führungskräfte haben eine Vorbildfunktion und besondere Verantwortung."
> *(Josef Ackermann, in: Bild-Zeitung vom 06.04.2009)*

Auf den Führungskräftekonferenzen wurden die Zukunftsstrategien festgelegt und Führungsmerkmale aufgestellt.

Der Vorstand konnte die Richtung vorgeben. Er konnte Richtlinien verabschieden und Schulungen anbieten, mit denen die Unternehmenskultur der Deutschen Bank im Bewusstsein jedes Mitarbeiters verankert wird. Im Alltag war jedoch jeder Mitarbeiter selbst dafür verantwortlich, die Reputation der Bank zu schützen und alles, was sie beschädigen konnte, zu vermeiden. Hugo Bänziger, Chief Risk Officer, äußerte im Sommer 2011 die Überzeugung, dass es nicht möglich sei, ein Regelwerk zu erstellen, das alle Situationen berücksichtigt, mit denen die über 100.000 Mitarbeiter der Deutschen Bank weltweit konfrontiert werden könnten. Kultur lebt eben nicht ausschließlich von Verordnungen und Richtlinien, sondern Kultur muss gelebt werden. Mit diesem Credo trat Ackermann 2002 an.

Schließlich hatte Ackermann die Aufgabe, die Bank zusammenzuführen, ohne dabei die unterschiedlichen Geschäftskulturen aufzugeben.

> „Erst die Divisionalisierung hat den Geschäftsbereichen die Spezialisierung im Hinblick auf unterschiedliche Kundenbedürfnisse und ihre starke Position im Wettbewerb ermöglicht. Jetzt sollen alle Kräfte für ein unternehmerisches Ziel vereint werden. Statt Neuanfang ist eine Weiterentwicklung auf hohem Niveau notwendig."
> *(Josef Ackermann, in: Forum, Juli 2002, S. 3)*

In insgesamt fünfzehn „Townhall Meetings" rund um den Globus warb Ackermann für seine Strategie und sein kulturelles, soziales und ökologisches Denken. Er erntete bei den Mitarbeitern großes Verständnis und viele Vorschusslorbeeren. Er hat die neue Strategie nicht nur verkündet, sondern alles einleuchtend erklärt.

Aus internen Kreisen ist bekannt, dass die Mitarbeiter von Ackermann begeistert waren, dass er weder arrogant noch überheblich wirkte. Er sprach nach den offiziellen Reden die Mitarbeiter persönlich an und fragte sie nach Problemen, Wünschen und Meinungen. Dabei zeigte er sich nicht nur gut informiert über die jeweilige Filiale, sondern kannte die Stadt, die Region, das Kulturangebot oder diskutierte mit den Mitarbeitern über die Sportvereine.

Der neue Leitgedanke: Eine Bank – ein Team

> „Die Summe aller Teile muss mehr sein als das Ganze."
> *(Seth Waugh, in: Forum Juli 2002, S. 26)*

Von 1997 bis 2002 hatte sich die Deutsche Bank von einer traditionellen deutschen zu einer modernen internationalen Universalbank gewandelt. Dabei hatte sie im Vergleich zu den reinen Investmentbanken angelsächsischer Prägung den unbestrittenen Vorteil, über ein ausgedehntes Filialnetz zu verfügen, über das die Bank ihre Kapitalmarktprodukte vertreiben und Cross-Selling-Aktivitäten, unter anderem im Derivatgeschäft, mit Private Wealth Management, mit der DWS und mit Global Markets nutzen konnte.

> „Wir sind also ein Multispezialist mit breiter Marktabdeckung, der sich in jedem einzelnen Geschäftsbereich im Wettbewerb mit den besten Spezialbanken behaupten kann."
> *(Josef Ackermann, in: Forum Juli 2002, S. 11)*

Die Deutsche Bank hatte eines der schlagkräftigsten Geschäftsmodelle unter den Investmentbanken. Das Geschäft war global aufgestellt und hatte eine starke regionale Ausrichtung. Es bot nun weltweit führende Derivatelösungen an, die aber sorgfältig mit Anleiheprodukten ausbalanciert waren. Hierbei spielte das Wertesystem der Deutschen Bank eine entscheidende Rolle. Global Markets, so Anshu Jain, ist eben nicht nur ein Geschäft, es ist eine Überzeugung. Der Wert basiert auf Leistungsorientierung. Denn strikte Leistungsorientierung ist der einzige Weg, auf dessen Basis ein großes Geschäft mit Weltklasse geführt werden kann.

Ferner gehörte die Deutsche Bank seit langem zu den innovativsten Instituten der Branche. In Global Markets zum Beispiel arbeiteten immer schon einige der talentiertesten und kreativsten Mitarbeiter des Sektors. Diese Mitarbeiter verlangten nach Innovation, die so zu einem zentralen Bestandteil der Derivatekultur wurde, das heißt: Entscheidend ist, wie sie innerhalb dieser Finanztermingeschäfte agieren, deren Preis oder Wert von den künftigen Preisen oder Kursen anderer Handelsgüter, Vermögen usw. abhängt. Über ein gut ausgeklüngeltes Rekrutierungsprogramm von Hochschulabsolventen, die noch nicht dem traditionellen Denkmuster verhaftet sind, arbeiten sie analytisch auf der Basis der neuesten mathematischen Instrumente.

„Ich glaube nicht, dass es irgendwelche Divergenzen zwischen den stolzen Traditionen der Bank auf der einen Seite und dem Ziel ihrer Marktführerschaft sowie der Steigerung des Shareholder Value auf der anderen Seite gibt."
(Anshu Jain, in: Forum März 2002, S. 26)

Es gab und sollte auch in Zukunft keinen Gegensatz zwischen deutscher und angelsächsischer Kultur geben. Anshu Jain, Michael Philipp, Michael Cohrs und Kevin Parker waren keine Außenseiter, sondern ihr persönliches und professionelles Selbstwertgefühl war ebenso wie das von Jürgen Fitschen, Rainer Neske und Pierre de Weck oder den Vorstandsmitgliedern Tessen von Heydebreck, Clemens Börsig, Hermann-Josef Lamberti, Hugo Bänziger, Anthony Di Iorio oder Stefan Krause einzig und allein auf die Deutsche Bank ausgerichtet. Sie alle verband das gleiche Ziel, die gleiche Unternehmenskultur. Heimat der Deutschen Bank war und ist Deutschland.

Ackermann unterstützte von Anfang an alle Corporate-Governance-Aktivitäten, die gerade im Jahr 2002 die Entwicklungen auf allen Kapitalmärkten prägten. Dabei hatte die Deutsche Bank aufgrund ihrer Börsennotierungen in Deutschland und in den USA die Governance-Anforderungen beider Kapitalmärkte zu erfüllen. Die Deutsche Bank hatte bereits im März 2001 als erstes Dax-Unternehmen eigene freiwillige Governance-Grundsätze vorgestellt. Im Oktober 2002 wurden diese Grundsätze überarbeitet und alle Soll-Empfehlungen und darüber hinaus zahlreiche Sollte-Anregungen des Deutschen Corporate Governance-Kodex aufgestellt.

Ackermann ging davon aus, dass die Deutsche Bank als einzige Bank in Deutschland global gewachsen und in vielen Geschäftsbereichen auf Spitzenpositionen vorgedrungen war, die traditionell nicht kontinental-europäisch geprägt waren. Diese hervorragende Position wollte Ackermann als Basis nutzen und ausbauen, nicht wegen des Aktienkurses als Selbstzweck, sondern weil er in der deutschen und europäischen Bankenkonsolidierung eine gestaltende Rolle spielen wollte.

Hier bereits zeigte sich die übergreifende globale Verantwortung Ackermanns, die klar formulierte Verpflichtung der Deutschen Bank, eine langfristige Steigerung des Unternehmenswertes im gesamten Stakeholder-Konzept zu übernehmen. Es war Ackermann von Anfang an klar, dass er diese Ziele nur erreichen werde, wenn er kompetente und motivierte Mitarbeiter an seiner Seite hatte, flankiert von zufriedenen Kunden in einer Gesellschaft, die Ackermanns Unternehmensführung unterstützten. Diese Kontinuität im Denken und Handeln prägten die Amtszeit Ackermanns von 2002 bis 2012.

Ackermann war sich von Anfang an bewusst, dass er die Mitarbeiter unterschiedlicher Herkunft, Kultur, Religion und innerer Überzeugung in die Deutsche Bank als global agierende Institution integrieren musste, um sie konfliktfrei zu einem gemeinsamen Ziel zu führen. Weltweit hatte die Deutsche Bank im Jahre 2002 zwölf Millionen Kunden und 96.000 Mitarbeiter aus 120 Nationen.

Der Abbau von Mitarbeitern bestimmte die Amtszeit von Ackermann ebenso wie die Neueinstellung von Mitarbeitern. Das hing wesentlich davon ab, wie die Geschäfte der Deutschen Bank aufgestellt waren und wie viele Mitarbeiter für die erfolgreiche Umsetzung der neuen Managementagenda notwendig waren. Nach einem Abbau der Mitarbeiterzahl auf 82.000 und schließlich auf 74.000 in der Restrukturierungsphase der Bank und der neuen Aufstellung in der ersten Phase der Managementagenda, konnte die Zahl der Mitarbeiter anschließend aufgrund des starken Erfolges als Ergebnis der Transformation kontinuierlich bis Ende 2008 auf 80.000 Mitarbeiter aus 145 Nationen erhöht werden.

Bei den zahlreichen Veränderungen der Mitarbeiteranzahl, die in der Außendarstellung oft verwirrend wirkten und verständlicher Weise zu zahlreichen Kritiken führten, hatte Ackermann als Chef der Bank immer die Gesamtentwicklung und das Gesamtergebnis des Instituts vor Augen. Auf lange Sicht hat sich seine Strategie als richtig erwiesen.

> „In dem Maße, in dem sich die Bank konsequent global ausrichtet, werden unsere Erfahrungen mit verschiedensten Kulturen zu einem maßgeblichen Faktor unserer Unternehmensphilosophie."
> *(Josef Ackermann, in: Forum Sept. 2002, S. 32)*

So formulierte Ackermann auf der Tagung der Alfred Herrhausen Gesellschaft für internationalen Dialog bereits 2002 seine Kulturstrategie und bekräftigte, dass Toleranz und Diversity im gesellschaftspolitischen Engagement der Deutschen Bank eine entscheidende Rolle spielten. Innovation erwachse aus Vielfalt. So hänge auch der Erfolg der Deutschen Bank als führendes Institut im Markt und in der Gesellschaft immer stärker von der Fähigkeit ab, die vielfältigen Talente bestmöglich zu nutzen und sie in die Lage zu versetzen, noch innovativer zu agieren.

Hermann-Josef Lamberti, das für Personal zuständige Vorstandsmitglied der Deutschen Bank, hat eine klare Vorstellung, wie die Deutsche Bank mit diesem Thema umgehen soll:

> „Es ist außerordentlich wichtig für den Geschäftserfolg der Bank, bei der Besetzung von Führungspositionen den Diversity-Ansatz zu beachten."
> *(Hermann-Josef Lamberti, in: Forum Okt./Nov. 2007, S. 12)*

Erinnert sei hier an die erste und bis heute einzige Frau im Vorstand der Deutschen Bank, Ellen R. Schneider-Lenné, die von 1988 bis 1996 dem Vorstand der Deutschen Bank angehörte. Frauen in Führungspositionen sind zwar immer öfters anzutreffen, aber in der Bankenwelt dominiert nach wie vor auf oberster Ebene fast ausschließlich die Männerwelt. Hier gibt es also auch für die Deutsche Bank noch einiges zu tun, wenn sie ihrem Leitbild gerecht werden will.

Direkt nach seiner Amtsübernahme führte Ackermann alle kulturellen und sozialen Aktivitäten in dem Bereich „Corporate Cultural Affairs" – seit 2004 „Corporate Social Responsibility" (CSR) – zusammen. Das Engagement auf diesen Gebieten wird von diesem Zeitpunkt an in einem eigenen Bericht „Gesellschaftliche Verantwortung“ veröffentlicht. Gleichzeitig wurde auf seine Initiative zusammen mit Jean-Christophe Ammann, dem damaligen Leiter des Museums für Moderne Kunst (MKK) Frankfurt, und Manfred Pohl das Institute for Corporate Culture Affairs (ICCA) gegründet, dessen Aufgabe es war, Corporate Social Responsibility weltweit zu einer wissenschaftlichen Disziplin zu formen und gleichzeitig gesellschaftspolitische Verantwortung zu einem wesentlichen Unternehmensziel zu machen. Ackermann förderte dieses Institut und war wesentlich am Gelingen seiner wichtigsten Publikationen zu CSR, beispielweise „The A–Z of Corporate Social Responsibility“, beteiligt.

Auch hier zeigte Ackermann, dass er im kulturellen, sozialen und ökologischen Bereich Transparenz, Flexibilität, Effizienz und Nachhaltigkeit forderte. So verstärkte die Deutsche Bank 2002 ihre seit 1990 bestehende Partnerschaft mit den Berliner Philharmonikern, die einen Eckpfeiler des kulturellen Engagements der Bank bilden. Darüber hinaus bildet die umfangreiche mit hoher Qualität bestückte Kunstsammlung der Deutschen Bank einen weiteren Eckpfeiler.

Das Logo der Deutschen Bank, dessen Schrägstrich im Quadrat Wachstum in einem stabilen Umfeld symbolisiert, wurde 2003 dreißig Jahre alt. Im gleichen Jahr startete die Deutsche Bank eine globale Werbekampagne, mit der sie ein starkes Signal setzen wollte.

> „Unser neuer Claim ‚A Passion to Perform‘ bringt unsere Haltung auf den Punkt: uns alle treibt die Motivation, Höchstleistungen zu erreichen und der Wille zum Erfolg, denn wir erbringen ‚Leistung aus Leidenschaft‘.“
> *(Josef Ackermann, in: Forum August 2003, S. 3)*

Im Jahre 2009 beschloss der Vorstand ein neues Marken- und Corporate-Design-Konzept. Das Ziel lautete, die Deutsche Bank zur bekanntesten Finanzmarke der Welt zu entwickeln. In Zukunft sollte das Logo der Deutschen Bank für sich stehen und für sich selbst sprechen, so wie es die großen Marken wie Apple, Coca-Cola, Nike oder Shell bereits vorgeben. Durch das neue Design sollte zudem das „One Bank“-Prinzip noch klarer untermauert werden. Hierdurch wollte die Deutsche Bank ihren Markenkern überall auf der Welt ihren Zielgruppen stimmig und attraktiv vermitteln.

Ackermann hatte der Deutschen Bank im ersten Jahr seiner Amtszeit nicht nur eine geschäftliche strategische Richtung gegeben, sondern er hatte diese auch kulturell untermauert, die Eckpfeiler der gesellschaftlichen Verantwortung klar definiert, die Marke Deutsche Bank gestärkt und mit dem neuen Claim die innere Haltung der Mitarbeiter bei der Ausübung ihrer Tätigkeiten für die Deutsche Bank motiviert. Auch hier zeigt sich Kontinuität. In der gesamten Amtszeit Ackermanns von 2002 bis 2012 änderte sich an der von ihm vorgegebenen One Bank-Kultur nichts.

Das Zusammenwachsen der einzelnen Geschäftsbereiche – eine Bank, ein Team – hatte oberste Priorität. Er verabscheute „Silodenken", gestand jedoch Geschäftsbereichen eigene Identitäten zu. Er wollte zu keinem Zeitpunkt allen Geschäftsbereichen eine inhaltliche Geschäftskultur aufzwingen, da er die Kundenbedürfnisse und deren unterschiedlichen Anforderungen sah.

> „Ein Chief Financial Officer eines multinationalen Konzerns hat andere Anforderungen an uns als ein mittelständiger Kunde in Hamburg oder ein Private-Banking-Kunde in der Schweiz."
> *(Josef Ackermann, in: Forum Juli 2002, S. 13)*

Ackermann wollte durch konsequente Fokussierung die einzelnen Geschäftsbereiche stärken und für das gemeinsame Ziel aller Bereiche bündeln. Dennoch, so Ackermann, blieben den einzelnen Geschäftsbereichen unter dem Dach der Deutschen Bank genügend Entfaltungsmöglichkeiten.

> „Hier liegt genau der Unterschied zwischen einer „One culture bank", also einer Bank, die sich lediglich auf eine Kultur limitiert, und der von uns angestrebten „One Bank Culture" – einer gemeinsamen Kultur, die sich auf die Vielfalt individueller Kulturen gründet."
> *(Josef Ackermann, in: Forum Juli 2002, S. 13)*

Ackermann hat hier einen klaren Kulturbegriff geprägt, den er anders als der kulturelle Holismus, der eine Kultur als Ganzheit versteht, definiert. Kulturen sind interpretierte Erscheinungen mit vielen Einzelfacetten, die sich in der Realität der verschiedenen Kulturen keineswegs vollständig voneinander abgrenzen lassen, sondern sich durchaus überschneiden können. „One Bank Culture" drückt aus, dass weder Personen in einer Kultur noch verschiedene Kulturen immer mit sich selbst identisch sind. Sich auf eine Kultur limitieren, sich ausschließlich mit ihr identifizieren, verhindert Vielfalt. Freiheit und Pluralismus, wie Heiner Hastedt, Professor für Praktische Philosophie an der Universität Rostock, es beschreibt, erfordert Toleranz, die Öffnung zur Pluralität.

> „Bei uns fühlen sich Mitarbeiter aus 120 Nationen zuhause, und davon lebt auch unsere One Bank-Kultur."
> *(Josef Ackermann, in: Forum Aug./Sept. 2004, S. 11)*

Ackermann hielt von Anfang an nichts von einer versteckten Agenda; alle Fakten sollten offen auf den Tisch, frei und ohne Ängste diskutiert werden. Jeder Mitarbeiter sollte im richtigen Ton „nein" sagen oder vor Fehlern warnen können. Eine derartige Konfliktkultur hielt er für notwendig, wenn von den Mitarbeitern Kreativität und Innovationslust ausgehen sollte. Er erwartete von allen Mitarbeitern bei aller internen Kritikkultur nach außen ein loyales Auftreten und eine klare Akzeptanz einmal gefallener Entscheidungen. Nur durch Disziplin und Konzentration, eine starke Leistungskultur und Chancengleichheit für alle Mitarbeiter in ihrem Arbeitsumfeld könne auch die interne Kommunikation als Bindeglied zwischen Vorstandssprecher, Management bis hin zu den einzelnen Mitarbeitern funktionieren.

Als Ackermann antrat, waren zunächst nicht Visionen gefragt, er wollte als erstes seine Hausaufgaben machen. Die begann er konsequent und mit der ihm eigenen Standfestigkeit. Von diesem Weg wich er bis zu seinem Ausscheiden aus der Bank nicht ab. Er wollte eine Bank aufbauen, die ein weltweit führender Anbieter integrierter Finanzlösungen für anspruchsvolle Kunden und die führende

Bank in Deutschland ist, um so nachhaltigen Mehrwert für die Aktionäre und Mitarbeiter zu schaffen.

Ackermanns Credo, sich auf die Kunden und die Profitabilität zu konzentrieren, war von einer stabilen und nachhaltigen gesellschaftspolitischen Verantwortung geprägt. Die Deutsche Bank sollte zu den Siegern gehören, nicht nur in Europa, sondern weltweit.

> „[Unsere Unternehmenskultur] ist geprägt von Kundenfokus, Teamwork, Innovation, Leistung und Vertrauen."
> *(Josef Ackermann, in: Forum Aug./Sept. 2004, S. 12)*

Unter diesem Aspekt sind auch die drei wesentlichen, korrelierenden von Ackermann formulierten Ziele zu sehen:

1. Steigerung der Eigenkapitalrendite vor Steuern auf 25 Prozent und mehr.
2. Steigerung des Aktienkurses.
3. Nach Marktkapitalisierung unter die zehn besten der Welt aufzusteigen.

III Mannesmann und die Lehren aus dem Prozess

Mannesmann, das ist nicht irgendeine Beteiligung der Deutschen Bank. Mannesmann, 1890 von den Brüdern Max und Reinhard Mannesmann auf der Basis ihrer Erfindung der nahtlosen Röhre mit Hilfe der Deutschen Bank gegründet, saniert und immer wieder im Laufe der Geschichte dieses Unternehmens in einer Liaison mit der Deutschen Bank an die Spitze deutscher Unternehmen emporgestiegen, war gleichzeitig ein Symbol der Deutschland AG, eines Systems, das im Laufe der Gründungsphase deutscher Unternehmen seit 1870, dem Gründungsjahr der Deutschen Bank, in unterschiedlicher Intensität durch alle Krisen hindurch, Deutschlands „made in Germany" zur Weltmarke aufsteigen ließ. Die Mannesmann AG und die Deutsche Bank AG knüpften bei den sogenannten Röhren-Erdgas-Geschäften seit 1969 an eine lange Tradition an, galt doch Mannesmann seit 1912 als „Hoflieferant" für die Röhren von Ölleitungen im zaristischen Russland.

Große Namen waren mit diesem Geschäft Anfang der siebziger Jahre des vorigen Jahrhunderts verbunden: F. Wilhelm Christians (Deutsche Bank AG), Egon Overbeck (Mannesmann AG), Herbert Schelberger und Klaus Liesen (Ruhrgas AG) sowie der Bundesminister für Wirtschaft und Finanzen, Karl Schiller.

Traditionsgemäß besetzte die Deutsche Bank den Vorsitz im Aufsichtsrat, bis nach Hilmar Kopper erstmalig der Vorstandsvorsitzende von Mannesmann, Joachim Funk, den Vorsitz im Aufsichtsrat übernahm. Vorstandsvorsitzender wurde Klaus Esser. Josef Ackermann und Klaus Zwickel, IG-Metall-Chef, gehörten zusammen mit Joachim Funk dem Präsidium von Mannesmann an, das über Prämien und ähnliche Vergütungen zu entscheiden hatte.

Das war die personelle Situation, als am 22. Oktober 1999 Klaus Esser den Kauf des britischen Mobilfunkanbieters Orange ankündigte. Nur zwei Wochen später spekulierten Journalisten und Analysten, dass Vodafone und France Telecom eine „feindliche" Übernahme von Mannesmann planten. Ein erstes Übernahmeangebot lag bei rund 100 Milliarden Euro, wobei für eine Mannesmann-Aktie 43,7 Anteile geboten wurden. Vodafone interessierte sich vor allem für das Mobilfunknetz D2 des Düsseldorfer Unternehmens. Die Mannesmann-Aktie stieg innerhalb weniger Tage von 144 Euro auf 209,90 Euro. Am Ende notierte sie 340 Euro. Es begann eine in der deutschen Wirtschaftsgeschichte einzigartige Übernahmeschlacht, in der die Protagonisten Vodafone-CEO Chris Gent, Mannesmann-Vorstandsvorsitzender Klaus Esser und Canning Fok von Hutchson Whampoa, die eine Beteiligung an Mannesmann hielten, sich nichts schenkten. Klaus Esser, der Betriebsrat von Mannesmann – am 23. November 1999 demonstrierten 1.000 Betriebsräte – und der Aufsichtsrat wehrten sich vehement gegen die Übernahme. Esser führte vorübergehend sogar mit dem französischen Medien- und Telekomkonzern Vivendi Gespräche, um die Übernahme durch Vodafone abzuwenden. Erst als Canning Fok mit Nachdruck Esser zu einer Übernahme durch Vodafone aufforderte, gab Esser am 3. Februar 2000 seinen Widerstand auf. An jenem denkwürdigen Abend besiegelten Esser und Gent per Handschlag in der Düsseldorfer Mannesmann-Zentrale den Deal.

Gent hatte sein erstes Angebot von 100 Milliarden Euro bereits am 19. November 1999 auf 124 Milliarden Euro erhöht, die bis zu diesem Zeitpunkt höchste Summe, die jemals in der deutschen Wirtschaftsgeschichte für ein Unternehmen geboten wurde. Nach der Einigung zwischen Esser und Gent zahlte Vodafone schließlich 190 Milliarden Euro in Aktien, also fast eine Verdopplung des ersten Angebots und damit 90 Milliarden Euro Vermögenszuwachs für die Aktionäre. So viel hatte noch kein deutscher Unternehmer für seine Aktionäre erwirtschaftet.

Es war absehbar, dass die Beteiligten für ihre Leistung an dem Zustandekommen dieses in der Wirtschaftsgeschichte einmaligen Geschäfts eine finanzielle Vergütung fordern würden. Am 4. Februar 2000 stimmte der Aufsichtsrat der Übernahme zu und bewilligte

Sonderzuwendungen an Esser, Funk und vier weitere Vorstandsmitglieder von Mannesmann in Höhe von 48 Millionen D-Mark. Klaus Esser, der nur wenige Tage als Vizechef von Vodafone fungierte, erhielt nach seinem Ausscheiden bei Vodafone am 17. Februar 2000 vom Aufsichtsrat von Mannesmann 30 Millionen D-Mark Abfindung. Schließlich gewährte der Aufsichtsrat von Mannesmann am 27. März 2000 in den Räumen der Deutschen Bank in Frankfurt am Main pensionierten Vorstandsmitgliedern von Mannesmann „Alternativpensionen" in Höhe von 63,5 Millionen D-Mark.

Die Höhe der Abfindung veranlasste die Rechtsanwälte Binz und Sorg, zunächst gegen Klaus Esser Strafanzeige wegen des Verdachts der Untreue bei der Düsseldorfer Staatsanwaltschaft einzureichen. Am 21. März 2000 lehnte die Düsseldorfer Staatsanwaltschaft einen Anfangsverdacht gegen Esser und andere ab. Die Rechtsanwälte Binz und Sorg legten daraufhin Beschwerde bei der Generalstaatsanwaltschaft gegen die Entscheidung der Düsseldorfer Staatsanwaltschaft ein. Die Generalstaatsanwaltschaft gab der Beschwerde statt, und die Düsseldorfer Staatsanwaltschaft weitete am 20. August 2001 ihre Ermittlungen zu etwaigen Unregelmäßigkeiten bei der Übernahme des Mannesmann-Konzerns durch Vodafone aus. Klaus Zwickel und Josef Ackermann gelangten in das Visier der Staatsanwaltschaft.

Am 17. Februar 2003 erhob die Düsseldorfer Staatsanwaltschaft Anklage gegen Klaus Esser, Joachim Funk, Josef Ackermann, Klaus Zwickel, den Konzernbetriebsratsvorsitzenden Jürgen Ladberg und den Personalvorstand Dieter Droste. Prozessbeginn war der 21. Januar 2004. Es begann der spektakulärste Wirtschaftsprozess in der Bundesrepublik Deutschland, der einerseits die Komplexität dieses Verfahrens, andererseits aber auch die juristische Unsicherheit (Schwammigkeit) des Begriffes Untreue verdeutlichte. Die Staatsanwaltschaft Düsseldorf sah in den Zahlungen eine Veruntreuung des Geldes als gerechtfertigte Leistungsprämie an, zum einen wegen der kontinuierlichen Steigerung des Übernahmepreises von 100 Milliarden auf 190 Milliarden Euro und zum anderen wegen des Anstiegs der Mannesmann-Aktie an der Börse um mehr als das Doppelte.

„Dies ist das einzige Land, wo diejenigen, die Werte schaffen, vor Gericht stehen."
(Josef Ackermann, in: Spiegel online vom 30.01.2004)

Das Gericht in Düsseldorf hatte eine Reihe von Fakten zu klären: Welche Pflichten hat ein Aufsichtsrat? Welche Bedeutung hat das Aktiengesetz für das Strafrecht? Haben die Präsidiumsmitglieder Funk, Ackermann und Zwickel ihre Pflichten, ihre Verantwortung gegenüber den Aktionären falsch eingeschätzt, oder haben sie vorsätzlich, das heißt wissentlich rechtswidrig gehandelt? Waren die Richter wirklich in der Lage, Klarheit über den Strafbestand der Untreue, der als äußerst unpräzise eingeschätzt wurde, zu schaffen?

Darüber hinaus war die Rechtmäßigkeit nachträglich bewilligter Prämien in Millionenhöhe höchst umstritten. Auch Ackermann sah hier Klärungsbedarf, da er vehement die Meinung vertrat, solche Prämien seien im Investmentbanking gang und gäbe. Oder war es so, wie die Staatsanwaltschaft behauptete, dass die Abfindungen der Mannesmann AG nur Nachteile, den begünstigten Pensionären und Hinterbliebenen nur Vorteile gebracht hätten?

Als Chef der Deutschen Bank stand Ackermann von Anfang an im Mittelpunkt des Geschehens. Auf ihn konzentrierten sich die Medien, und über Nacht wurde er eine der bekanntesten Persönlichkeiten in Deutschland. Während der gesamten Prozessdauer beteuerte Ackermann seine Unschuld und verteidigte die Millionenzahlungen an die Manager des Mannesmann-Konzerns.

„Falls nur die kleinsten Anhaltspunkte für Rechtsverstöße zu erkennen gewesen wären, dann hätte ich nicht so entschieden, zumal ich keine eigenen Interessen hatte."
(Josef Ackermann im Landgericht Düsseldorf, zitiert in: Spiegel online vom 02.11.2006)

Aber jeder Prozess hat sein Eigenleben – Entwicklungen, die niemand vorhersehen kann. Das zentrale Ereignis waren nicht die Beweisaufnahme, Zeugenaussagen und Plädoyers. Als alles in den

Schatten stellendes Moment erwies sich eine Aufnahme des dpa-Fotografen Oliver Berg, der am 21. Januar 2004 im Gerichtssaal L111 des Düsseldorfer Landgerichts jenes Foto schoss, das Ackermann mit erhobenem, rechten Arm zeigte, als er das Victory-Zeichen machte. Berg war bis auf Tuchfühlung zu Ackermann und Esser vorgedrungen, und jede Bewegung der beiden Angeklagten führte zu automatischen Bildsequenzen, pro Sekunde vier oder fünf Fotos. Die Herren scherzten, der Name „Jackson" fiel, Ackermann fuhr mit der Hand nach oben: Aktion, Reaktion, Bildsequenz. Die Medien hatten ihre Sensation und schlachteten sie nach Gutdünken aus. Ackermann wurde zum Buhmann der Nation. Dabei steht fest, dass – wie bereits Leo Müller in seinem Buch beschreibt – Ackermann Michael Jackson, den Popstar, der fünf Tage zuvor seinen ersten Gerichtstermin im Prozess wegen Kindesmisshandlung mit einem Victory-Zeichen verlassen hatte, nachgeahmt hatte.

> „Ich fragte mich noch: Was reden die über Jackson?"
> *(Oliver Berg, in: Leo Müller, S. 177)*

Hunderte Seiten Text traten hier neben das einzige Bild, das alles überdeckte. Das Bild wurde in der Interpretation zu einem Bild der Gesellschaft. Nicht die Richterin, sondern die Öffentlichkeit klärte Ackermann über „sein Gewissen" auf. Die Protagonisten wurden demontiert, ihre Ansichten, ihre Begriffe wurden zerlegt und der Text, der dem Urteil zugrunde liegt, war Pflichtlektüre, obwohl längst der Schatten des einzigen realen Bildes alle Texte im öffentlichen Bewusstsein umgeschrieben hatte. Nie war die Diskrepanz zwischen Gesetz und Gewissen so groß wie bei Josef Ackermann. Wer die eigene Innerlichkeit als Spieleinsatz wagt, kann sich später nicht wundern, warum er nicht verstanden wird. Ackermann wurde nur selten verstanden. Die Öffentlichkeit zeichnete Bildfrequenzen, die oft grausam und ungerecht sind.

Hier muss die Frage gestellt werden, warum es in der Kommunikation der Deutschen Bank nicht gelungen ist, den durch das Victory-Zeichen entstandenen dauerhaften negativen Effekt zumindest abzuschwächen. Warum ist es nicht gelungen, neue Bilder zu präsentieren? Vielleicht lag es daran, den Prozess ausschließlich unter juristischen Gesichtspunkten zu führen, ohne jede historisch begründete und begründbare Emotion. Die Menschen lieben Symbole und Rituale – hier prägte ein einziges Bild, das nebenbei und völlig unbewusst geschah, die Wahrnehmung einer Persönlichkeit in der Öffentlichkeit.

Zwar entschuldigte Ackermann sich zwei Wochen später für den „falschen Eindruck", der entstanden sei – das war aber viel zu spät. Da hatte das Victory-Zeichen schon längst für alle möglichen und unmöglichen Interpretationen gesorgt.

Auch die damalige Besetzung der Unternehmenskommunikation mit einem Briten, Simon Pincombe, der kaum Deutsch sprach und in London sein Office hatte, mag dazu beigetragen haben, dass so manche Irritation nicht nur in Bezug auf den Mannesmann-Prozess sowohl bei den Journalisten in Deutschland als auch der breiten Öffentlichkeit aufkam. Abschirmung statt offenes Kommunizieren ist in der heutigen globalen Welt fast immer der falsche Weg.

Erst mit Stefan Baron – lange Zeit Chefredakteur der Wirtschaftswoche und davor über mehrere Jahre Finanzkorrespondent für den „Spiegel" –, der 2007 Kommunikationschef für die Deutsche Bank weltweit wird, änderte sich das Kommunikationsverhalten entscheidend.

Nach dem 32. Verhandlungstag am 16. Juni 2004 schloss das Düsseldorfer Landgericht unter Vorsitz von Richterin Brigitte Koppenhöfer die Beweisaufnahme. Die Staatsanwaltschaft forderte drei Jahre Haft für Joachim Funk, ehemaliger Aufsichtsratsvorsitzender der Mannesmann AG, zweieinhalb Jahre Haft für den ehemaligen Vorstandsvorsitzenden Klaus Esser und zwei Jahre auf Bewährung für Josef Ackermann. Nach sechsmonatiger Verhandlungsdauer allerdings sprach das Gericht Josef Ackermann und die übrigen Angeklagten frei. Die vorsitzende Richterin Brigitte Koppenhöfer sah die Tatvorwürfe der schweren Untreue als nicht erfüllt an. Darüber hinaus habe sich Ackermann in einem

„Verbotsirrtum" befunden, das heißt, er wusste nicht, dass die Prämien rechtswidrig waren. Zwar lägen, so Koppenhöfer, Verstöße gegen das Aktienrecht vor, das aber sei Gegenstand eines Zivilverfahrens.

> „Ein Freispruch ist ein Freispruch."
> *(Josef Ackermann nach dem Urteil, in: Welt online vom 22.07.2004)*

Richterin Brigitte Koppenhöfer kritisierte bei ihrer Urteilsverkündigung die öffentliche Einflussnahme auf den Prozess. Rechtsexperten hätten während der gesamten Prozessdauer über die Medien ihre Meinung zu dem Verfahren geäußert, ohne jemals im Verhandlungssaal gewesen zu sein und ohne die Akten zu kennen. Noch nie in ihrer 25-jährigen Dienstzeit sei derart versucht worden, auf das Urteil Einfluss zu nehmen. Sie sprach von Telefonterror, Stammtischdiskussionen, an denen sich auch Politiker beteiligt hätten, die Straftatbestände wie Sauerei, Schweinerei und Perversion erfunden hätten. Verteidigung und Angeklagte hätten versucht, die Presse zu instrumentalisieren.

> „Das mag ihr Recht sein. Ob's ein gutes Recht ist, sei dahingestellt. Dass das auch von Seiten der Staatsanwaltschaft geschieht, war mir neu. Das halte ich für unangebracht."
> *(Brigitte Koppenhöfer, Urteilsverkündung am 22.07.2004)*

Das Gericht, so Koppenhöfer, sei ausschließlich für die Bewertung der strafrechtlichen Relevanz zuständig gewesen.

> „Es hat keine Moral- und Werteurteile zu fällen. Wir bewerten nicht die deutsche Unternehmenskultur, selbst wenn die Beweisaufnahme Anlass zu Verwunderung gab."
> *(Brigitte Koppenhöfer, Urteilsverkündigung am 22.07.2004)*

> „Und Zweifel werden im deutschen Strafrecht zu Gunsten der Angeklagten ausgelegt. Man muss Angeklagten nicht alles glauben. Man darf ihnen aber auch nicht alles unterstellen."
> *(Brigitte Koppenhöfer, Urteilsverkündung am 22.07.2004)*

Nur einen Tag nach dem Urteilsspruch kündigte die Düsseldorfer Staatsanwaltschaft an, Revision beim Bundesgerichtshof in Karlsruhe einzulegen. Bis zum 18. Oktober 2004 hatte die Staatsanwaltschaft Zeit, ihren Revisionsantrag zu begründen. Der Bundesgerichtshof unter Leitung des Vorsitzenden Richters Klaus Tolksdorf sah Widersprüche und Lücken im Düsseldorfer Freispruch und stellte fest, dass die Freisprüche „rechtlicher Prüfung nicht standhielten". Vor allem den Untreue-Paragrafen habe das Gericht falsch angewendet. Aber gerade der Untreue-Begriff war äußert fragil und kaum definier- und nachweisbar.

Am 29. November 2006, also nach knapp vier Wochen Verhandlungsdauer, wurde nach insgesamt sieben Jahren das Verfahren eingestellt. Josef Ackermann und die anderen fünf Angeklagten mussten insgesamt 5,8 Millionen Euro zahlen. Damit folgte das Landgericht Düsseldorf dem Antrag der Verteidiger der Angeklagten. Ackermann selbst musste 3,2 Millionen Euro zahlen. Gleichzeitig legte die Wirtschaftskammer fest, welche gemeinnützigen Organisationen Teile des insgesamt zur Verfügung stehenden Betrags von 2.321.000 Euro erhalten sollten.

> „Die Entscheidung des Verfahrens ist kein Handel mit der Gerechtigkeit, sondern eine sachgerechte Entscheidung."
> *(Peter Lichtenberg, Staatsanwalt Düsseldorf, in: Zeit online, dpa, 29.11.2006)*

Der Vorsitzende der 10. Großen Wirtschaftskammer, Stefan Drees, wandte sich nachdrücklich gegen Vorwürfe, die Angeklagten hätten sich damit „freikaufen" können. Im Jahr würden mehr als 126.000 Verfahren von deutschen Gerichten gegen Auflage eingestellt.

Ackermann war es bei der Genehmigung der Prämien darum gegangen, eine reibungslose Integration von Mannesmann in den künftigen Eigentümer Vodafone zu gewährleisten.

> „Den geschaffenen Wert wollte ich erhalten, es ging mir um die Stabilisierung der Gegenwart im Interesse der Zukunft."
> *(Josef Ackermann, in: Focus online vom 02.11.2006)*

Ackermann zog aus dem Prozess zahlreiche Erkenntnisse. Er sah ein, dass der Chef der größten Bank Deutschlands und einer der bedeutendsten in der Welt eine politische Dimension anerkennen und mit ihr und in ihr leben musste. Bereits bei seinem Amtsantritt im Mai 2002 hatte er festgehalten:

> „Nur aus einem erfolgreichen Land heraus lässt sich gut weltweit operieren."
> *(Josef Ackermann, in: Manager Magazin vom 21.05.2002)*

Dass er nun als Buhmann der Nation dastand, traf ihn tief. Er war natürlich von den Reaktionen in der deutschen Öffentlichkeit enttäuscht, auch von denen vieler sogenannter Freunde. Er war und ist mit Sicherheit kein Mitleidsschwärmer, aber er sehnte das Ende des Prozesses herbei. Er konnte die Neigung der Deutschen, jede Fortschrittskultur zu kritisieren und abzulehnen, nicht verstehen. Es ist nachvollziehbar, dass die hohen Prämien von vielen nicht verstanden und akzeptiert wurden. Aber bei aller Kritik muss auch bedacht werden, dass die immense Summe, zu der schließlich Mannesmann verkauft wurde, den Aktionären erhebliche Gewinne brachte, was eindeutig der Führungsspitze des Mannesmann-Konzerns zuzuschreiben ist.

Ackermann wurde im Verlauf des Prozesses mehr und mehr bewusst, dass er eine politische und gesellschaftspolitische Verantwortung hatte, dass viele Entscheidungen, die in der ökonomischen Dimension nicht ungewöhnlich waren, sich in der gesellschaftlichen-öffentlichen Wahrnehmung als Ungerechtigkeit erwiesen. Er entwickelte sich in dieser Phase weiter und begann Kontinuitätssinn zu pflegen. Er erkannte, dass er immer mehr Herkunft in die Zukunft mitnehmen musste (Odo Marquard) und dass er, je mehr Erfahrungen er sammelte und je gezielter er seine Fragen an sich selbst und an andere richtete, umso mehr eine klare Kontinuität in seinen kreativen Handlungen feststellte.

IV Zehn Jahre an der Spitze der Deutschen Bank

1 Konsequentes Handeln – die erste Stufe der Managementagenda

Ackermann legte ein unglaubliches Tempo vor, um die Deutsche Bank in ein schlankes und effizientes Institut umzuwandeln. Sofort nach seinem Amtsantritt leitete er die erste Phase der Managementagenda (2002 bis 2003) ein.

1. Fokussierung auf Kerngeschäftsfelder.
2. Weitere Verbesserung der Kapital-Bilanz-Steuerung.
3. Konzentration auf laufende Erträge.
4. Optimierung des Konzernbereichs Private Clients and Asset Management (PCAM).

Ackermann sah die dringende Notwendigkeit, die Marktkapitalisierung zu steigern, die trotz einer Erhöhung des Marktanteils in vielen Geschäftsbereichen und der guten Entwicklung der Erträge hinter den Erwartungen zurückblieb. Die positiven acht Geschäftsfelder – Global Markets, Global Equities, Global Corporate Finance, Global Transaction Banking, Asset Management, Private Wealth Management, Private & Business Clients sowie Corporate and Investments – wollte Ackermann weiter ausbauen und das Kosten-, Risiko- und Kapitalmanagement verbessern, um den Aktienkurs zu steigern.

Hier zeigt sich deutlich Ackermanns Ziel: An der Weltspitze mitsprechen können. In Europa, den USA, aber auch im asiatischen und südamerikanischen Raum sollte die Deutsche Bank in allen Bereichen eine Spitzenposition innehaben. Die Bank hatte im Asset Management eine hervorragende Position errungen und war innerhalb kürzester Zeit auch in den USA im Investmentbanking zu einer anerkannten Adresse geworden. Vor allem die Übernahme des US-Asset Manager Zurich Scudder Investments brachte der Deutschen Bank einen klaren Zugewinn für das DeAM (Deutsche Asset Management) und das Private Banking, da die Bank nun ein voll diversifizierter Asset Manager wurde, der über 550 Milliarden US-Dollar verwaltete.

Ende 2002 verlagerte die Deutsche Bank den Hauptsitz ihrer US-Aktivitäten in die New Yorker Wall Street Nummer 60. An der feierlichen Eröffnung nahmen Josef Ackermann, Seth Waugh, Michael Bloomberg, Bürgermeister von New York, und George Pataki, Gouverneur des Staates New York, teil. Ackermann erklärte vor zahlreichen Journalisten aus der ganzen Welt:

> „Wir sind stolz darauf, unsere Hauptverwaltung für die Vereinigten Staaten in dieses markante Gebäude zu legen und damit zur Wiederbelebung des Finanzdistrikts in Lower Manhattan beizutragen."
> *(Josef Ackermann, in: Forum Januar 2003, S. 6)*

Die Terroranschläge des 11. September 2001 hatten das Deutsche-Bank-Gebäude in der Liberty Street so stark beschädigt, dass das Institut zunächst nach New Jersey ausweichen musste, bevor Ende 2002 der neue Sitz in der Wall Street bezogen werden konnte. Nach einem Jahr Umsetzung der ersten Phase der Managementagenda stellte Ackermann fest, dass die Bank sich in diesem Zeitraum radikal verändert habe. Dieser Wandel betreffe vor allem die Art und Weise, in der die Deutsche Bank ihr Geschäft steuere. Gleichzeitig machte er für diese erfolgreiche Umstrukturierung das ausgegebene Ziel und das Selbstverständnis, mit dem die Mitarbeiter das strategische Konzept zur Neuausrichtung der Bank mittrugen. Ackermann setzte zu diesem Zeitpunkt bereits auf eine Erholung der Märkte und die damit verbundene Chance, in allen Geschäftsbereichen optimale Ergebnisse zu erzielen, vor allem in den Bereichen Corporate & Investment Bank (CIB), Privat- und Geschäftskunden und im Asset Management.

> „Die Deutsche Bank hat vermutlich die größte Plattform im globalen Investmentbanking und Asset Management."
> *(Josef Ackermann, in: Financial Times Deutschland vom 26.06.2002)*

So schätzte Ackermann im Juni 2002 die Zukunftschancen der Bank ein. Allerdings wusste er auch, dass die deutschen Banken immer noch ein ernsthaftes Profitabilitätsproblem hatten und ihr Kostenproblem in den Griff bekommen mussten. Katalysator der Neuausrichtung war das offizielle Programm der Bank zur Kostenreduzierung unter Leitung des damaligen Chief Operating Officer Hermann-Josef Lamberti. Das vorgegebene Ziel lautete, bis Ende 2003 die Kostenbasis um zwei Milliarden Euro gegenüber dem Geschäftsjahr 2001 zu reduzieren. Dieses Programm bestand aus drei Schwerpunkten:

1. Eine drastische Reduzierung der variablen Kosten.
2. Umfangreiche Portfolioveränderungen der Bank, die den Ausstieg aus Randgeschäftsfeldern sowie Outsourcing-Aktivitäten beinhalteten.
3. Die Umstrukturierung der Deutsche-Bank-Plattform und die Einführung von bankweiten „Best Practices".

Diese hochgesteckten Ziele erforderten eine detaillierte Planung und disziplinierte Umsetzung, die dank der starken Fokussierung auf das Kostenmanagement quer durch alle Divisionen, Frontoffice-Funktionen sowie Technologie- und Infrastrukturprozesse nicht nur erreicht wurde, sondern alle Erwartungen übertrafen. Bereits im vierten Quartal 2002 konnten bei den operativen Kosten Einsparungen von 3,9 Milliarden Euro für das Gesamtjahr vermeldet werden. Bei einer Hochrechnung des ersten Quartals auf das Gesamtjahr 2003 würde sich gar eine Reduzierung der Kosten um 6,2 Milliarden Euro ergeben. Niemand in der Bank dachte allerdings zu diesem Zeitpunkt daran, sich nun auf den Ergebnissen auszuruhen.

> „Der Prozess der Kostenkontrolle wird kontinuierlich fortgesetzt und generiert auch künftig Mehrwert. Der One-Bank-Ansatz sorgt nicht nur für mehr Effizienz, sondern auch für nachhaltiges Wachstum."
> *(Hermann-Josef Lamberti, in: Forum Juni 2003, S. 27)*

Eng mit dem Kostensenkungsprogramm verbunden war der Abbau von 14.000 Mitarbeiterstellen weltweit, der besonders schmerzlich, aber notwendig war, um der Bank den Weg in die Zukunft zu ermöglichen.

Im Bereich Private & Business Clients (PBC) wurden im Oktober 2002 die Vertriebswege und Angebote von maxblue, Deutsche Bank 24, Private Banking und Business Banking in einem europaweit einheitlichen Geschäftsmodell unter einer Marke integriert. Ziel dieser Neuausrichtung war, Cross-Selling-Möglichkeiten über den kompletten Lebenszyklus der Kunden hinweg zu erschließen. Diese Maßnahme resultierte aus der Erkenntnis, dass die Zeit von „All-time-high"-Aktienrenditen vorbei war. Die Bank hatte erkannt, dass der Kunde mit isolierten Angeboten – trotz aller Optimierungspotentiale – nicht mehr zufrieden war. Die Kunden der Zukunft wollten ein modernes Banking und qualifizierte Beratungsangebote aus einer Hand, verbunden mit integrierten Finanzkonzepten aus „Banking", „Investment" und „Planning". Das hieß konkret: Die anspruchsvollen Kunden der Deutschen Bank wollten immer stärker eine Bank mit einer klaren Kompetenz in allen Feldern und damit für alle Finanzbedürfnisse.

Die Deutsche Bank verfügte Mitte 2003 über 12,6 Millionen Kundenbeziehungen in Europa, davon entfielen 8,5 Millionen auf Deutschland. In Deutschland war die Bank nach Erträgen Marktführer und nach Kundenanzahl die Nummer zwei. In den Auslandsmärkten wie beispielsweise in Italien, Spanien und Belgien gehörte sie unter den Auslandsbanken zu den Top-Playern mit einer exzellenten Reputation.

Mitte Mai 2003 konnten dann die Investments & Finanzcenter von Private & Business Clients mit einem attraktiven erweiterten Angebot und mit neu aufgestellten Expertenteams starten. Die Teams arbeiteten europaweit in 1.300 Investment & Finanzcentern und boten den Kunden Dienstleistungen vom täglichen Banking bis hin zur komplexen Finanz- und Vermögensplanung an.

Die neue Strategie war zu diesem Zeitpunkt absolut notwendig, da die deutschen Banken generell ihr Kreditgeschäft neu ordnen mussten. Im margenarmen Kreditgeschäft hatte sich die Zinsmarge in den vergangenen 15 Jahren halbiert. Konnten die privaten Banken im Jahre 1985 mit der Vergabe von Krediten durchschnittlich noch 2,3 Prozent verdienen, so waren es nach Angaben der Deutschen Bundesbank im Jahre 2002 lediglich noch 1,15 Prozent. Vorwürfe, die Deutsche Bank unterteile ihre Kunden in Premiumsegmente, in der die Topkunden als regelmäßige Abnehmer für die Produkte des bankeigenen Investmentbankings und Nutzer von internationalen Geschäften bevorzugte Dienstleistungen erhalten, und Kunden, die lediglich die alltäglichen Bankdienstleistungen in Anspruch nehmen, wies Ackermann entschieden zurück: Mehrmals betonte er zu Beginn seiner Amtszeit, um jeden einzelnen Kunden kämpfen zu wollen. Er wollte das Retailgeschäft stärken und ausbauen. Mit den Kernmärkten in Deutschland, Italien und Spanien hatte die Deutsche Bank Zugang zu mehr als der Hälfte des privaten Finanzvermögens in Kontinentaleuropa.

> „Mit unseren 12,3 Millionen Kunden erreichen wir bereits heute eine Durchdringung in unserem Zielkundensegment von mehr als zwanzig Prozent."
> *(Josef Ackermann, in: Forum Juli 2002, S. 14)*

Dass vielen Mittelständlern und vor allem kleineren Firmenkunden der Weg an die internationalen Kapitalmärkte versperrt war, lag an den Versäumnissen der Vergangenheit, da aufgrund falscher Anreize im Steuersystem viele dieser Kunden nicht genügend Eigenkapital ansammelten und somit auf die Darlehen der Banken angewiesen waren. Die Banken sahen sich angesichts der schlechten Konjunktur gezwungen, mehr Sicherheiten und höhere Zinsen zu verlangen und gleichzeitig die Laufzeiten der Darlehen zu verkürzen. Die Wertberichtigungen zeigen, dass die deutschen Banken eine Risikovorsorge im Jahre 2002 auf 28 Milliarden Euro, das war mehr als doppelt so viel wie fünf Jahre zuvor, bezifferten.

> „Nur eine Bank, die Werte schafft, kann ein echter Partner für die Kunden sein. Nur eine Bank, die Werte schafft, kann auf zufriedene Kunden rechnen."
> *(Josef Ackermann, in: Forum Januar 2003, S. 45)*

Die Radikalkur, die Ackermann der Deutschen Bank verordnet hatte, zeigte Anfang 2003 deutliche Erfolge. Die 2002 eingeleitete Transformation führte zu einem guten Ergebnis im Kerngeschäft. Damit zeigte die Bank erneut die Ertragsstärke des Geschäftsmodells, das auch in einem schwierigen Kapitalmarktumfeld stabile Erträge generieren konnte.

Nach einem Jahr an der Spitze der Deutschen Bank hatte sich Ackermann in der Finanzwelt einen hervorragenden Ruf erworben. Mit „Leistung aus Leidenschaft" hatte er die Deutsche Bank in fast allen Bereichen neu organisiert und strukturiert. Die internationale Finanzwelt würdigte diese Leistung, indem sie ihn zum Chairman des Institute of International Finance (IIF) wählte. Er wurde Nachfolger von Sir John Bond, Chairman der HSBC Holdings plc. Das IIF ist die einzige weltweit agierende Vereinigung von Finanzinstituten. Sie war angesichts der internationalen Schuldenkrise 1983 gegründet worden. Bei seiner Ernennung wies Ackermann darauf hin, dass die Arbeit des Instituts richtungsweisend beim Entwurf der neuen Basler Eigenkapitalrichtlinien für Banken gewesen sei. Darüber hinaus habe das Institut entscheidend die Diskussion beeinflusst, wie die weltweiten Rahmenbedingungen für die Kapitalaufnahme von Schwellenmärkten verbessert werden könnten. Ackermann blieb Chairman dieses Instituts bis 2011.

2 Das Ende der Deutschland AG

Ein wesentliches Merkmal der deutschen Banken stellt ihre Beteiligungen an deutschen Unternehmen dar, die zum großen Teil bis in die Gründungsphase zurückreichen. Viele dieser Unternehmen waren im Laufe der Zeit derart von einer Bank abhängig, dass sie nur über diese ihre Geschäfte abwickeln konnten. Die Bank war sozusagen zur „Hausbank" des Unternehmens geworden. Die Bank hatte einerseits eine große Verantwortung für diese Unternehmen, auf der anderen Seite aber bedeuteten diese Beteiligungen eine hohe Belastung für die Bank, zumal wenn die Unternehmen in finanzielle Schwierigkeiten gerieten. Dieses spezifische System des Universalbankensystems deutscher Prägung geriet Ende des vorigen Jahrhunderts, vor allem aber zu Beginn des 21. Jahrhunderts, verstärkt in die Kritik.

Hierbei bleibt bis heute die Frage nicht endgültig beantwortet, inwieweit in der Globalisierung eine Verflechtung von Banken und Industrie, etwa über das Gründungs- und Emissionsgeschäft oder das industrielle Finanzierungsgeschäft zum Beispiel über Konsortialkredite, nicht auch Vorteile in sich birgt. Dauerhafte Beteiligungen (durch Aktienbesitz) oder die Versorgung der Industrie mit Krediten (Hausbank oder Konsortialkredit) zeugen von einer hohen gesellschaftsökonomischen Verantwortung der Banken, vor allem in Krisenzeiten. AEG und Siemens, Daimler, Mannesmann, Bayer Leverkusen usw. hätten ohne die finanzielle Unterstützung der Deutschen Bank nie zu der Internationalität gefunden, um nur einige wenige Beispiele zu nennen. Nach der Inflation 1919 bis 1923 errichtete die Deutsche Bank sogenannte „Sanierungsbüros", die sich ausschließlich mit der Neuordnung von in Schwierigkeit geratenen Unternehmen befassten. Hier ging es um Produktivkapital. „Sanierungsbüros" für Staaten in der Schuldenkrise sind ungleichmäßig teurer und von weniger Erfolgsaussichten gekennzeichnet.

Eine typische und unternehmensgeschichtlich einmalige Beteiligung stellte Deutsche Bank/Daimler Benz dar. Die Beteiligung der Deutschen Bank an Daimler Benz geht auf die Fusion der Deutschen Bank mit der Württembergischen Vereinsbank, Stuttgart, der Hausbank von Daimler, Stuttgart, und der Rheinischen Creditbank, Mannheim, der Hausbank von Benz, die zum Konzern der Disconto-Gesellschaft, Berlin, gehörte, zurück. Mit der Fusion im Jahre 1929 zwischen der Disconto-Gesellschaft und der Deutschen Bank – übrigens die größte Fusion von Banken bis zu diesem Zeitpunkt – gelangte die Aktienmehrheit von Daimler und Benz zur Deutschen Bank. Deutsche Bank und Daimler Benz waren von diesem Zeitpunkt an „unzertrennlich" aneinandergeheftet.

Die Verflechtung von Banken und Unternehmen hatte in der Vergangenheit mehrfach zu intensiven Diskussionen geführt. Bereits Ende der sechziger Jahre hatte die Bundesregierung in der sogenannten „Lex Abs" die Aufsichtsratsmandate auf zehn beschränkt. Hermann Josef Abs, die führende Persönlichkeit im deutschen Bankwesen der Nachkriegszeit, hatte zum Beispiel zeitweise mehr als dreißig Aufsichtsratsmandate in Unternehmen inne, darunter zahlreiche Vorsitze.

Während der Übernahmeverhandlungen zwischen Krupp und Thyssen flammten die Diskussionen um die Deutschland AG erneut auf, vor allem weil die Deutsche Bank in beiden Aufsichtsräten vertreten war. Im März 1997 bezifferte die Deutsche Bank in ihrem Geschäftsbericht für 1996 die Beteiligungen an Industrieunternehmen mit einem Marktwert von 27,1 Milliarden D-Mark. Rolf-E. Breuer ordnete den Beteiligungsbestand der Deutschen Bank neu. Unter dem Datum des 16. Dezember 1998 gab er bekannt, dass die neugegründete DB Investor einen Beiteiligungsstand von 40 Milliarden D-Mark ausweise. Hilmar Kopper wies zu diesem Zeitpunkt mehrfach darauf hin, dass ein Verkauf der Beteiligungen bei der derzeitigen Besteuerung nicht in Frage käme. Es war eine klare Aufforderung an die Regierung, die Steuergesetze zu ändern. Hans Eichel, Finanzminister in der rot-grünen Koalition unter Gerhard Schröder, kündigte Anfang 2002 an, die Besteuerung auf Beteiligungsverkäufe massiv zu senken. Das hieß konkret, die bis zu 54 Prozent erhobene Steuer auf Verkaufsgewinne sollte künftig wegfallen, so dass die Veräußerung von Beteiligungen nun ganz der Bank und ihren Aktionären zugutekommen konnte.

Ackermann aber ging es nicht nur um die Erträge aus den Beteiligungsverkäufen. Vielmehr mahnte er eine längst überfällige Systemveränderung an. Deutschland leide unter strukturellen Wachstumsschwächen, deren Ursachen weit in die achtziger Jahre zurückreichten. Deutschland habe es verschlafen, bei der Bildung neuer Unternehmensstrukturen in der Globalisierung eine führende Rolle zu spielen. Überfällige Reformen würden nur innerhalb bestehender Strukturen versucht, wenn überhaupt. Er forderte daher, zumindest gedanklich Lösungen außerhalb dieser Systeme zu suchen. Es war klar, Ackermann wollte verändern – nicht nur marginal, sondern grundlegend. Er wollte mit alten, liebgewonnenen und verkrusteten Strukturen aufräumen und die Deutsche Bank in ein neues Zeitalter führen. Die Auflösung der Deutschland AG war somit nur konsequent.

Der Verkauf der historisch gewachsenen Industriebeteiligungen sorgte nicht nur dafür, dass dem Kapitalmarkt frische Aktien zuflossen und somit die Deutsche Bank Mittel erhielt, um neue Finanzgeschäfte nach vorne zu bringen. Das Ende der Deutschland AG signalisierte den Aufbruch in die internationale Welt der „unbegrenzten Möglichkeiten", die aber letztlich auch wieder neuen Grenzen unterlagen. Ackermann musste die Kapitalrendite steigern, und damit war klar, dass er renditeschwache Bereiche, wie in Industriebeteiligungen gebundenes Kapital, auflösen und die Erträge in Kerngeschäfte mit höheren Renditen reinvestieren werde.

Der Abbau aller Industriebeteiligungen und der damit verbundene Verlust an Einfluss in den Unternehmen entsprachen einem neuen Denken in den deutschen Banken, vor allem in der Deutschen Bank. Auch Ackermann verfolgte mit dem Rückzug aus den Industriebeteiligungen ein wichtiges Element seiner Strategie, nämlich die Bank operativ zu stärken und unabhängiger von Einmaleffekten zu machen.

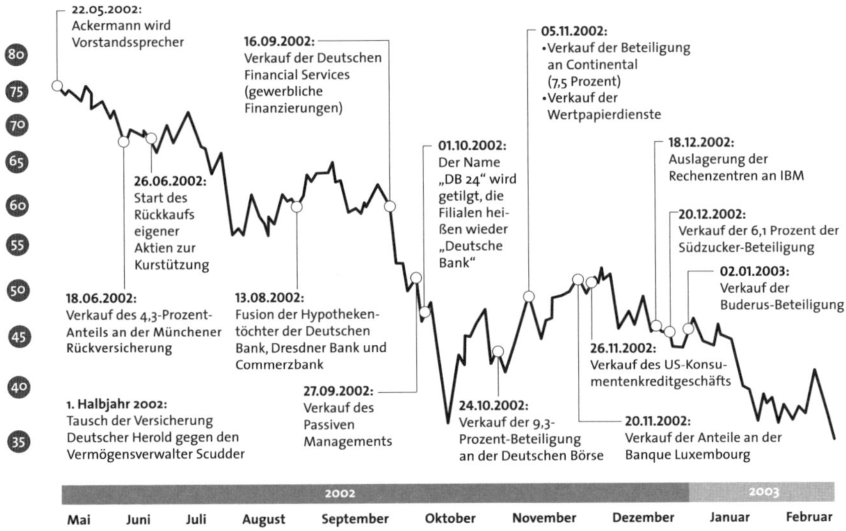

Quelle: Thomson Financial Datastream

Abbildung 3: Die Beteiligungen der Deutschen Bank

Wie wichtig der Zeitpunkt des Verkaufs der Industriebeteiligungen war, zeigt das Beispiel Daimler-Chrysler. Hätte Ackermann so konsequent gehandelt wie beim Verkauf der Münchener Rück, dann hätte er zum damaligen Zeitpunkt einen Marktwert von 6,7 Milliarden Euro erzielt. Als er aber am 22. Mai 2002 als Chef der Deutschen Bank antrat, betrug der Marktwert lediglich noch 3,35 Milliarden.

In der Hauptversammlung des Jahres 2003 sah sich Ackermann wiederholt dem Vorwurf ausgesetzt, mit dem forcierten und umfangreichen Verkauf der Industriebeteiligungen das Tafelsilber verschleudert zu haben. Ende Mai 2003 lag der Wert der Industriebeteiligungen der Deutschen Bank bei rund 5 Milliarden Euro. Der größte Teil fiel hierbei mit 3,3 Milliarden Euro auf die 12 Prozent Beteiligung an Daimler-Chrysler. Ackermann gab in der Hauptversammlung klar zu verstehen, dass die Daimler-Chrysler-Beteiligung nicht zur Disposition stünde. Im Jahre 2002 hatte die Deutsche Bank Beteiligungen von insgesamt 3,6 Milliarden Euro veräußert. Ende des ersten Quartals 2003 standen noch stille Reserven – also die Differenz zwischen Markt- und Buchwert – von 500 Millionen Euro zu Buche. Ackermann betonte, dass der Aktienkurs stark vom operativen Ergebnis abhinge. Da sei das Tafelsilber sogar eine Belastung, da viel Kapital ohne Rendite gebunden sei.

> „Wir wollen unseren Aktienkurs nicht nach oben schwatzen, sondern handeln."
> *(Josef Ackermann, in: Financial Times Deutschland vom 26.06.2002)*

Zudem verwies Ackermann noch einmal deutlich auf den hohen Kurs, den er zum Zeitpunkt des Verkaufs erzielt hatte. Er machte deutlich, dass zur Hauptversammlung 2003 die veräußerten Aktienpakete nur noch einen Bruchteil wert gewesen wären.

Der Abbau der Industriebeteiligungen sollte vor allem eine weitere Verbesserung der Kapital- und Bilanzstruktur herbeiführen. Bereits im April 2002 hatte das Group Executive Committee die Umsetzung eines umfangreichen Strategieprogrammes beschlossen. Hierbei spielte der Abbau der Industriebeteiligungen eine entscheidende Rolle, da diese Verkäufe, die zumeist deutlich unter ihrem aktuellen Marktwert gekauft worden waren, die Kapitalbasis der Deutschen Bank deutlich erhöhen konnten.

Dieser Zuwachs der Kapitalbasis sollte nun über ein Aktienrückkaufprogramm direkt an die Aktionäre weitergegeben werden. Die Hauptversammlung im Mai 2002 hatte den Vorstand der Deutschen Bank ermächtigt, bis zu 10 Prozent ihres Aktienkapitals im Markt zurückzukaufen.

Die positiven Effekte für die Aktionäre lagen hierbei auf der Hand: Durch die Rückkäufe wurde die Anzahl der ausstehenden Aktien reduziert. Die Rückkäufe führten zudem zu einer Verbesserung des Ergebnisses je Aktie, was sich letztlich in einem steigenden

Aktienkurs widerspiegeln sollte. Die zurückgekauften Aktien wurden hierbei für verschiedene Ziele eingesetzt. Der Großteil der Aktien war zum Einzug vorgesehen, um so eine tatsächliche Reduzierung der Kapitalbasis zu erzielen.

Darüber hinaus verwendete die Bank einen Teil der zurückgekauften Aktien zur Mitarbeitervergütung und für die Belegschaftsaktien-Programme. Dies war notwendig, um die Ausgabe von neuen Aktien und die damit einhergehende Verwässerungseffekte zu vermeiden. Allerdings floss nicht jeder durch den Verkauf von Industriebeteiligungen erlöste Euro umgehend in Aktienrückkäufe. Zunächst war zu berücksichtigen, dass beim Verkauf der Beteiligungen nur etwa zwei Drittel des Veräußerungsgewinns zu zusätzlichem Kapital für die Bank führten, da bereits zu diesem Zeitpunkt der Teil der stillen Reserven im Kapital der Deutschen Bank zugerechnet wurde.

Es war daher unumgänglich, die verschiedenen Bereiche in der Bank zu einer offenen Kommunikation zu bewegen. So mussten insbesondere die Bereiche Corporate Investments, Global Equities und Equity Capital Markets aktuell über geplante oder durchgeführte Beteiligungsverkäufe informiert sein. Bei der Strukturierung des Rückkaufprogramms musste die Bank auch auf die vorhandene Expertise in CIB zurückgreifen, nicht zuletzt aber hing der Erfolg des Aktienrückkaufprogrammes von einer überzeugenden konsistenten Kommunikation gegenüber dem Kapitalmarkt ab.

Am 26. Juni 2002 gab Ackermann den Start des Aktienrückkaufprogramms bekannt. Hierbei sollten 62 Millionen Aktien oder 10 Prozent aller emittierten Titel bis zum September 2003 zurückgekauft werden. Die Bank zahlte einen Durchschnittspreis von 48,32 Euro pro Aktie. Da das Aktienrückkaufprogramm hervorragend lief, beschloss Ackermann, weitere Rückkaufprogramme aufzulegen. So kündigte die Deutsche Bank im September 2003 an, für rund 3,3 Milliarden Euro eigene Aktien zurückzukaufen. Auch hier war das Ziel klar, nämlich die Anzahl der umlaufenden Aktien zu reduzieren und damit ihren Wert und die Rendite je Aktie zu steigern. Bis zum Ende des sechsten Programms im Jahre 2008 wurden insgesamt 223 Millionen Aktien zurückgekauft.

> „Durch das Aktienrückkaufprogramm zeigen wir unsere Bereitschaft, Überschusskapital direkt an unsere Aktionäre weiterzugeben."
> *(Josef Ackermann, in: Forum Oktober 2003, S. 11)*

Die Deutsche Bank nahm rund zwei Drittel der gekauften Aktien vom Markt, so dass sich der Gewinn je Aktie erhöhte, während das Kurs-/Gewinn-Verhältnis sank. Diese Maßnahme machte die Aktie der Deutschen Bank für Investoren interessant und attraktiv. Am Markt wurde zu diesem Zeitpunkt spekuliert, dass der Rückkauf von eigenen Aktien den schwachen Aktienkurs auch deswegen stärken solle, um eine Übernahme durch Konkurrenten zu verhindern.

Mit dem Rückkaufprogramm, Stellenstreichungen und Beteiligungsabbau setzte Ackermann konsequent seine Strategie fort, die Rentabilität der Deutschen Bank zu steigern. Während die Deutsche Bank im zweiten Quartal 2003 eine Eigenkapitalrendite von 7,7 Prozent ausweisen konnte, kamen die Konkurrenten wie zum Beispiel die UBS auf eine Eigenkapitalrendite von 18,5 Prozent im zweiten Quartal 2003.

Dass es Ackermann auch in den nachfolgenden Jahren mit dem Abbau von Beteiligungen ernst war, zeigt allein die Tatsache, dass er sich im Sommer 2005 von einem Drittel der Daimler-Chrysler-Anteile trennte. Hierdurch wurde die Beteiligung von 10,4 auf 6,9 Prozent reduziert. Im November des gleichen Jahres baute die Deutsche Bank dann die Daimler-Chrysler-Beteiligung auf 4,4 Prozent ab.

Der Ausstieg aus dem Beteiligungsgeschäft fand seinen signifikanten Niederschlag auch in der Vertretung von Vorstandsmitgliedern in den Aufsichtsräten von Industrieunternehmen. So schied zum Beispiel Hilmar Kopper im April 2007 aus dem Vorsitz des Aufsichtsrates bei Daimler-Chrysler aus. Auch Ackermann reduzierte seine Aufsichtsratsmandate radikal: Bayer, Lufthansa, Linde und Siemens blieben die einzigen Mandate.

3 Neue Profitabilität

Die Transformation der Bank in der ersten Phase der Managementagenda nach Ackermanns Antritt als Vorstandssprecher der Deutschen Bank im Mai 2002 hatte dafür gesorgt, dass Kosten, Risiko und Kapital – drei entscheidende Faktoren für den wirtschaftlichen Erfolg – optimal gesteuert wurden. Die nach der Hauptversammlung im Mai 2003 eingeleitete zweite Phase legte ihren Fokus klar auf die Steigerung der Erträge. Ackermann formulierte die Zielrichtung klar und deutlich:

> „Selbst ein moderater Ertragsanstieg wird zu einer erheblichen Steigerung der Profitabilität führen."
> *(Josef Ackermann, in: Forum August 2003, S. 16)*

Dabei wusste er genau, dass dieses Ziel nur dann zu erreichen war, wenn sich die Bank noch stärker auf ihre Kunden, deren Wünsche und Erwartungen konzentrieren würde und wenn in allen Kerngeschäftsfeldern maßgeschneiderte innovative Produkte und Servicepaletten aufgebaut und weiterentwickelt würden.

> „Wir müssen für unsere Kunden in allen Kerngeschäftsfeldern die erste Wahl sein und unsere Marktdurchdringung in unseren Zielkundensegmenten verstärken."
> *(Josef Ackermann, in: Forum August 2003, S. 16)*

Die Deutsche Bank war Anfang des Jahres 2003 langsam aus der Talsohle herausgekommen. Im April/Mai waren die Wertberichtigungen gesunken.

Für die zweite Phase (2004 bis 2005) verkündete Ackermann vier neue strategische Initiativen, die für das Management und die Mitarbeiter handlungsweisend sein sollten:

1. Die Deutsche Bank als führende Marke etablieren.
2. Die globale Führungsrolle von CIB festigen und weiter ausbauen.

3. Profitables Wachstum im Bereich Private Clients und Asset Management (PCAM) sichern.
4. Strikte Kosten-, Kapital- und Risikodisziplin beibehalten.

In einer weltweit angelegten Werbekampagne wurde die Stärke der Marke Deutsche Bank herausgestellt. Hierzu formulierte Ackermann das Mission Statement Deutsche Bank 2003:

> „Wir wollen der weltweit führende Anbieter von Finanzlösungen für anspruchsvolle Kunden sein und damit nachhaltig Mehrwert für unsere Aktionäre und Mitarbeiter schaffen."
> *(Josef Ackermann, in: Forum August 2003, S. 17)*

Ein weiteres strategisches Ziel in der zweiten Phase war, die globale Führungsposition in vielen Geschäftsfeldern des Investmentbankings nachhaltig zu verankern und in einen höheren Shareholder Value zu transformieren. Dabei konnte er davon ausgehen, dass die Deutsche Bank bereits zu diesem Zeitpunkt über eine hervorragende Plattform und gute Mitarbeiter in allen Geschäftsfeldern und relevanten Regionen der Welt verfügte.

Im Konzernbereich PCAM besaß die Deutsche Bank bereits eine sehr starke Position. Diese als Verwalter institutioneller wie privater Vermögen weltweit noch intensiver auszubauen und gleichzeitig die Position im europäischen Privatkundengeschäft zu stärken, sollte zu einer weiteren Steigerung der Profitabilität in diesem Geschäftsbereich führen. „PCAM growing – together" lautete die Zielrichtung, die Tom Hughes (Asset Management), Rainer Neske (Private & Business Clients) und Pierre de Weck (Private Wealth Management) Anfang 2004 vorgaben. Im Mittelpunkt der Diskussion mit Vertretern der Divisional Functions stand die Diskussion um Möglichkeiten und Umfang zu einer gemeinsamen Ertragssteigerung der drei Geschäftsbereiche. Hierzu wurden weitere Entwicklungspotentiale identifiziert. Vor allem die koordinierte Kundenweiterleitung sowie eine gemeinsame regional übergreifende Produktplanung sollten hierzu beitragen.

Die Corporate and Investment Bank (CIB) stabilisierte in den Jahren 2003/2004 ihre führende Position beim Verkauf und Handel von Kapitalmarktprodukten. Dabei ergaben sich durch die Umstrukturierung des Sales&Trading-Geschäfts für Global Markets sowie die Neuordnung von Global Equities, Global Markets und GCF Credit Trading im dritten Quartal 2004 neue Möglichkeiten, ein produktübergreifendes, ganzheitliches Geschäftsmodell aufzubauen. Ackermann setzte unbeirrt das Business-Realignment-Programm der Deutschen Bank, das verschiedene Initiativen mit weitreichenden strategischen und finanziellen Auswirkungen umfasste, mit dem Ziel fort, Synergien zu nutzen und die Investoren über die Bereiche hinweg aus einer Hand zu betreuen. Schließlich wurde trotz großer Erfolge in der ersten Phase der Neuausrichtung auch weiterhin eine strikte Kosten-, Kapital- und Risikodisziplin verlangt.

In den achtzehn Monaten nach der Amtsübernahme Ackermanns war es gelungen, Transparenz in der Kostenkontrolle zu schaffen. Aber es ging hierbei nicht nur um die Sicherstellung von Integrität, Offenheit und Klarheit bei der Analyse und Präsentation von Daten oder um die „Best Practice", sondern das entscheidende Ziel war eine „Cost Culture" zu kreieren, das heißt, sich nicht nur um Kostensenkung zu bemühen, sondern vor allem die nachhaltige Verankerung dieses Bewusstseins in der Unternehmenskultur zu erreichen.

Durch die Optimierung relevanter Plattformen, Prozesse und Strukturen wurden schließlich alle Geschäftsbereiche in der Stärkung und dem Ausbau ihres Kerngeschäftes unterstützt, um den weltweiten Erfolgskurs der Deutschen Bank nachhaltig fortzusetzen. Hieraus folgerte Ackermann, das Kapital der Deutschen Bank nur in jene Geschäfte zu investieren, von denen sich die Bank die größte Rendite versprach. Um Schaden von der Bank fernzuhalten, sollten allerdings nur solche Geschäfte getätigt werden, in denen die jeweiligen Risiken streng geprüft waren – eine Maßnahme, die sich in den Krisen von 2007 bis heute auszahlen sollte.

Ackermann versäumte es in den nachfolgenden Monaten nicht, immer wieder darauf hinzuweisen, dass die Deutsche Bank die strategischen Initiativen konsequent umsetzen müsse, um schlanker und besser dazustehen als jemals zuvor. In zahlreichen Rundgängen durch die Filialen der Deutschen Bank machte sich Ackermann selbst einen Eindruck von der Arbeit der Kollegen im Kundenkontakt und im Back Office. Bereits im Juni 2004 hatte er sich nach seinem ersten Rundgang in der Niederlassung Düsseldorf – weitere folgten in Berlin, München und zahlreichen anderen deutschen Städten – nach kritischen Themen und Verbesserungsvorschlägen erkundigt.

In München zum Beispiel nutzte er die Chance, sich von den Relationship Managern über die Wettbewerbssituation in der Region und über die Reaktion der Kunden auf die Angebote der Deutschen Bank zu informieren. Dabei stellte Ackermann fest, dass der Geschäftsbereich PBC, das heißt alle Aktivitäten des Privatkundengeschäftes, ein wichtiges Kerngeschäft der Deutschen Bank war und zugleich ein wichtiger Ertragsbringer. Dieses klare Bekenntnis zum Privatkundengeschäft trug in den Filialen wesentlich dazu bei, dass trotz anderweitiger Darstellungen in den Medien Ackermann auf mittlere Frist eine ausgeglichene Balance zwischen PCAM und CIB anstrebte. Ein Mitarbeiter der Niederlassung in München stellte fest:

> „Es macht einen Unterschied, ob man über Herrn Dr. Ackermann in der Zeitung liest oder ihn persönlich erlebt."
> *(in: Forum Okt./Nov. 2004, S. 24)*

Mit der Errichtung der „Deutsche Bank der Zukunft" in Deutschland setzte Ackermann einen neuen Maßstab im Privatkundengeschäft. Hier wurden moderne Technologien mit einer stärkeren Ausrichtung auf die persönlichen Bedürfnisse des Kunden kombiniert. Im September 2005 ging die erste Filiale dieser Art in Berlin an den Start. Ackermann betonte, dass dieses Projekt deutlich zeige, dass die Deutsche Bank sich nicht mit dem Erreichten zufriedengebe, sondern dass die Bank sich für die Zukunft aufstelle.

In einer Reihe von Geschäftsfeldern hatte die Bank inzwischen eine hervorragende Marktstellung erreicht. Dennoch gab es unter den Anlegern eine gewisse Skepsis, ob die Deutsche Bank die nachfolgenden strategischen Initiativen auch weiterhin erfolgreich durchführen könne. Bereits Breuer hatte im Jahr 1999, also ein Jahr nach dem Kauf von Bankers Trust, das Ziel einer Eigenkapitalrendite von 25 Prozent ausgegeben. Diese Erfolgsmarke griff Ackermann wieder auf. Am Tag des Investors in London präzisierte Ackermann sein Programm und sprach sich ebenfalls für eine Eigenkapitalrendite von 25 Prozent aus, die er für die Bank anstrebe.

> „Wir haben uns klare Ziele für die Phase 2 unserer Managementagenda gesetzt. Wir wollen die Eigenkapitalquote vor Steuern auf 25 Prozent steigern. Unsere Ambitionen sind anspruchsvoll, aber realistisch. Die große Mehrheit der Investoren und Analysten geht davon aus, dass wir unser starkes Gewinnwachstum fortsetzen können. Die Kapitalmärkte sind davon überzeugt, dass sich der Erfolg von 2003 in 2004 und danach fortsetzen wird."
> *(Josef Ackermann, in: Forum April 2004, S. 3).*

Dieses Ziel erreichte er in den nachfolgenden Jahren.

Ein anderes Ziel, auch bei der Marktkapitalisierung unter die ersten zehn Banken weltweit aufzusteigen, formulierte er zwar 2004 ebenfalls, konnte es aber nicht erreichen, wie noch zu zeigen sein wird.

> „Wir wollen eines der zehn weltweit führenden Finanzinstitute nach Marktkapitalisierung sein."
> *(Josef Ackermann auf dem Führungsforum Deutschland 2004)*

Seine Vision war klar und einfach. Er wollte die Deutsche Bank aus Deutschland heraus als eine der Topbanken der Welt etablieren – nicht mehr, aber auch nicht weniger.

Diese Zielsetzung, so Ackermann, sei auch abhängig von Ergebniserwartungen, Eigenkapitalrendite, Wachstum und Volatilität. Um dieses Ziel zu erreichen, sei ein ausgewogener Ertragsmix wichtig.

Neben der Steigerung der Marktanteile in den USA, dem größten Finanzmarkt der Welt, und in Asien, der wichtigsten Wachstumsregion der Zukunft, sei die Sicherung der Führungsposition in Europa und insbesondere in Deutschland unerlässlich. Daher sei der weitere Ausbau des Privatkundengeschäftes eines der vordringlichsten strategischen Ziele, wobei organisches Wachstum im Vordergrund stehe.

Gleichzeitig nannte er ein neues operatives Kostenziel von 16,5 Milliarden Euro. Der Erfolg des Aktienrückkaufprogramms hatte zu dieser optimistischen Zuversicht geführt, und Ackermann konnte zufrieden feststellen, dass er und seine Mitarbeiter ihre Hausaufgaben gemacht hatten.

Dass diese Zuversicht berechtigt war, zeigte das Ergebnis des Jahres 2003. Ackermann konnte stolz bestätigen, dass das Geschäftsergebnis für dieses Jahr zu den besten in der Geschichte der Bank gehörte. Die Eigenkapitalrendite vor Steuern, die im Jahre 2002 lediglich 4 Prozent betragen hatte, verbesserte sich auf 13 Prozent. Das waren zwar immer noch knapp die Hälfte weniger als die angestrebten 25 Prozent, aber die sichtbaren Erfolge in der zweiten Phase der strategischen Agenda, noch profitabler zu werden, ließen auf eine weitere gute positive Entwicklung schließen.

Bereits Anfang Februar 2004 wurde deutlich, dass Ackermann die Basis für ein nachhaltiges Ertragswachstum gelegt hatte.

Dennoch war die Bank noch lange nicht profitabel genug, um in die Regionen ihrer großen internationalen Wettbewerber vorzustoßen. In einigen Geschäftsfeldern jedoch war die Deutsche Bank in die Spitzengruppe vorgedrungen, so zum Beispiel nahm CIB mit Erträgen von 10,2 Milliarden Euro weltweit den dritten Platz hinter der Citigroup und JP Morgan ein. Beim Handel und Vertrieb von Wertpapieren rangierte die Deutsche Bank mit einem Ertrag von 9,2 Milliarden Euro weltweit sogar vor der Konkurrenz. Und im Geschäftsfeld PCAM führten die Erträge von 8,2 Milliarden Euro auf den fünften Rang. Immerhin war die Deutsche Bank Ende 2004 die

Nummer eins in China und der siebtgrößte Arbeitgeber in Manhattan.

Seit Beginn der ersten Transformationsphase hatten die Aktionäre durch eine erhöhte Dividende und Aktienrückkäufe bis Mitte 2004 fast 6 Milliarden Euro zurückerhalten. Das Geschäftsjahr 2004 gestaltete sich zu einem der erfolgreichsten in der Geschichte der Deutschen Bank. Ackermann konnte für 2004 ein Vorsteuerergebnis von 4,1 Milliarden Euro und eine Eigenkapitalrendite vor Steuern von 17 Prozent präsentieren.

Und ganz klar gab Ackermann zu verstehen, Zielgröße 25 Prozent sei das, „was unsere besten Konkurrenten heute schon liefern". Nicht nur die großen amerikanischen und englischen Banken, wie Citigroup und JP Morgan, sondern auch die weltweit führenden Industrieunternehmen (z. B. Microsoft oder Philip Morris International) erreichten Spitzenwerte von über 20 Prozent. Das Gleiche gilt für den deutschen Mittelstand. Nur wenn die Rentabilität der Deutschen Bank zunehme, so Ackermann, werde sie für Investoren attraktiver.

Alle diese Ziele waren äußerst schwierig zu erreichen und erforderten von allen Mitarbeitern der Deutschen Bank höchsten Einsatz. Ackermann wurde vorgeworfen, dass es ihm bis Ende 2004 nicht gelungen sei, die Deutsche Bank, gemessen am Börsenwert, unter die Top Ten der Welt zu führen. Auch der Börsenkurs entwickelte sich trotz einer Steigerung von 50 Prozent nicht so, wie es Ackermann sich vorgestellt hatte. Selbst massive Aktienrückkäufe, deren Ziel die Steigerung der Eigenkapitalrendite war und somit auch des Börsenkurses, verfehlten ihre Wirkung. Der Kurs der Aktie der Deutschen Bank sank im Jahr 2004 um 9 Prozent.

Dennoch hielt Ackermann an seiner Strategie fest, auch wenn die Kritik in den Medien stärker wurde und seine Strategie auch im Aufsichtsrat nicht immer die volle Unterstützung fand. So schied zum Beispiel Ulrich Cartellieri, langjähriges Vorstandsmitglied der Deutschen Bank und im Aufsichtsrat hoch angesehen, 2004 aus.

> „Nur aus einer global führenden Position können wir im international verschärften Wettbewerb weiter wachsen."
> *(Josef Ackermann, in: Forum Aug./Sept. 2004, S. 11)*

Das Gewinnziel 25 Prozent vor Steuern und eine massive Steigerung des Aktienkurses erreichte Ackermann in den nachfolgenden Jahren bis zum Ausbruch der Finanzkrise im Sommer 2007. Unter die ersten zehn Institute weltweit kam die Deutsche Bank bis heute nicht.

Quelle: Wallstreet:Online

Abbildung 3: Der Verlauf des Aktienkurses der Deutschen Bank von 2002 bis 2012

Was einige wenige als Zickzackkurs bezeichneten, war im Nachhinein betrachtet eine klar durchdachte und kontinuierlich verfolgte Strategie, die in den Managementagenden ihren erfolgreichen Niederschlag fand, auch wenn so manche Entscheidung für viele nicht nachvollziehbar war. So gab Ackermann gleichzeitig mit der Ankündigung des hervorragenden Ergebnisses für 2004 in der Bilanzpressekonferenz im Februar 2005 den Abbau von weltweit 6.400 Mitarbeitern bekannt:

> „Diese Entscheidung ist uns nicht leicht gefallen, aber wir können nur dann ein attraktiver Arbeitgeber sein, wenn wir mit den beschlossenen Maßnahmen unsere Wettbewerbsfähigkeit langfristig sichern."
> *(Josef Ackermann, in: Forum Febr./März 2005, S. 9)*

Bei vielen Politikern und einer großen Öffentlichkeit erregte die gleichzeitige Bekanntgabe eines Milliardengewinnes und der Entlassung von Mitarbeitern Kopfschütteln und Kritik. Der Boykottaufruf von SPD-Politikern gegen die Deutsche Bank oder kritische Äußerungen von Edmund Stoiber, Peer Steinbrück und anderen heizten eine Debatte an. Doch von solchen „Täuschungsmanövern lebt die parteiübergreifende Anti-Ackermann-Agitation" (Börsen-Zeitung vom 12.02.2005). In diesem Zusammenhang stellt sich die Frage, warum die Tatsache, dass die Deutsche Bank mit ihrer Eigenkapitalrendite von kaum mehr als 9 Prozent nach Steuern in der globalen Champions League der Banken trotz enormer Anstrengungen und zweifellos erster durchgreifender und hoffnungsvoller Erfolge weit unten rangiert. Hätten die Politiker diesen Umstand berücksichtigt und dabei über die betriebswirtschaftlichen Konsequenzen nachgedacht, so hätten sie sich rasch die Frage stellen müssen, ob die ausgeprägte Rentabilitätsschwäche am Standort Deutschland nicht auch etwas mit den Fehlentscheidungen und falschen Weichenstellungen von Regierung und Opposition zu tun hat.

Mag der Kommunikationszeitpunkt vor allem wegen der einen Tag zuvor bekanntgegebenen Steigerung der Arbeitslosigkeit in Deutschland über fünf Millionen vielleicht falsch gewählt worden sein, so ändert die Entscheidung nichts an ihrer strategischen Richtigkeit. Dennoch ist die Aufregung vieler Menschen beim Vergleich von Arbeitslosigkeit und Gewinn nachzuvollziehen. Ackermann gab in einem Rundschreiben an die Mitarbeiter der Deutschen Bank klar zu verstehen, dass es ihm nicht darum gehe, starr an einem bestimmten Renditeziel festzuhalten. Aber er habe die unternehmerische Verantwortung, aus Deutschland heraus eine weltweit konkurrenzfähige Bank zu führen. Auch die Rendite, so Ackermann, müsse wettbewerbsfähig sein. Er bekräftigte nochmals in diesem Zusammenhang, dass er für das Jahr 2005 eine Eigenkapitalrendite von 25 Prozent anstrebe und weitere Kosten einsparen wolle.

Gerade diese Diskussion, die nach und nach zu einem Selbstläufer wurde und das Ziel, 25 Prozent Eigenkapitalrendite vor Steuern zu erreichen, zum Dogma pervertierte, zeigt das eigenartige ökonomische Verständnis vieler Deutscher und ihr Verhältnis zu wirtschaftlichem Erfolg. Letztendlich verhindern solche Diskussionen, dass Deutschland seine verkrusteten Strukturen aufbricht, um in der Globalisierung eine Zukunft zu haben. Ökonomisch gesehen ist die Entlassung von Mitarbeitern oft notwendig, um ein Unternehmen zu stabilisieren und somit letztendlich die Mehrzahl der Arbeitsplätze zu sichern.

Die Grundfrage stellt sich hier unausweichlich: Hat die Ökonomisierung unseres Alltags zur Folge, dass wir Lebensqualität nur dann erreichen, wenn wir uns dem Diktat der ökonomischen Regeln uneingeschränkt unterwerfen? Ist das Ziel 25 Prozent Eigenkapitalrendite und mehr unabdingbar, um den Kräften des freien Marktes und des Wettbewerbs gerecht zu werden, um Arbeitsplätze zu schaffen und zu garantieren? Das Unbehagen der Öffentlichkeit, hervorgerufen durch die Angst vor der Globalisierung und nicht zuletzt durch die Allmacht der Ökonomie, ist gerade in Krisenzeiten permanent präsent. Der Mensch kann im Alltag der Ökonomie nicht entkommen. Märkte, Geld, Rentabilität und Effektivität sind notwendig, auch wenn vielen diese Begriffe unsympathisch sind. Sachlich stellt sich die Frage der Grenzziehung und nicht die Frage der Abschaffung der Märkte, des Geldes, der Rentabilität und Effektivität.

Dieser Frage und ihrer Beantwortung musste sich Ackermann in der Krise stellen. Die Erkenntnis, dass 25 Prozent und mehr nicht absolut sind, räumte er mehrmals ein. Jürgen Fitschen, neben Anshu Jain sein Nachfolger, brachte diese Erkenntnis später auf den Punkt. Auch 15 Prozent sind akzeptabel, wenn sie eine globale Entwicklung in der Kreditwirtschaft widerspiegeln. Bescheidenheit ist gefragt und Anpassung an die jeweilige wirtschaftliche Situation.

Die Strategie zahlt sich aus

Ackermann sah sich weder 2004 noch 2005 unter Druck, die Bank durch Akquisitionen zu vergrößern. Dort, wo es ökonomisch sinnvoll sei, so Ackermann, sollte das organische Wachstum der Deutschen Bank gezielt durch Akquisitionen ergänzt werden. Er wollte aber weiterhin auch gute Akquisitionsangebote nutzen, so wie es in den Jahren zuvor der Fall war. In Deutschland hatte die Deutsche Bank den Vermögensverwalter Wilhelm von Fink AG erworben, in der Schweiz das Bankhaus Rüd. Blass & Cie. und in den USA mit Berkshire Mortgage einen der führenden Finanzierungsanbieter für Mehrfamilienhäuser übernommen. Ferner hatte sich die Bank in Russland an der Investmentbank UFG beteiligt, in der Türkei das Brokerhaus Bender Securities übernommen, und in China war die Deutsche Bank ein Joint Venture mit Harvest Asset Management eingegangen, einem der führenden nationalen Vermögensverwalter in diesem wichtigen Wachstumsmarkt.

Das Geschäftsmodell war nun über mehrere Quartale hin äußerst erfolgreich und unterstrich die Wachstumsdynamik der Deutschen Bank. Das Institut hatte die Schwächephase an den Anleihemärkten besser als viele ihrer Wettbewerber überstanden. Die Deutsche Bank gehörte zu den Marktführern und war mit ihrer Produktvielfalt in den verschiedenen Märkten gut aufgestellt. Im Sales&Trading-Geschäft stand sie weiterhin unangefochten an der Spitze. In Corporate Finance war die Deutsche Bank nicht nur ertragsmäßig erfolgreich, sondern konnte auch im zweiten Quartal 2005 Transaktionen mit namhaften Kunden wie E.ON, CVC-Partners, dem italienischen Finanzministerium, Fresenius, Qwest und Pernod Ricard durchführen. So gelang es ihr, Geschäftsbeziehungen zu stärken und das Ansehen in den Bereichen Gesundheitswesen, Rohstoffe und Konsumgüter zu steigern. Im Eigenkapitalgeschäft war die Deutsche Bank in vielerlei Hinsicht gefragt. In Europa, Nord- und Südamerika tätigte sie zahlreiche Neuemissionen ebenso wie im asiatischen und pazifischen Raum. In China konnte die Bank den bis dahin weltweit größten Börsengang für den chinesischen Kohleproduzenten China Shenhua Energy durchführen.

Diese Aktivitäten führten dazu, dass bereits das Ergebnis des zweiten Quartals 2005 Investoren und Analysten überraschte und jene Kritiker widerlegte, die der Deutschen Bank eine zu starke Abhängigkeit vom volatilen Kapitalmarktgeschäft unterstellten. Es zahlte sich nun aus, dass die Bank trotz mancher Kritik an den Zielen festgehalten hatte. Ackermann hatte eine tiefer greifende Erklärung für die positive Entwicklung und die Euphorie in allen Geschäftsbereichen:

> „Es ist von allem etwas. Aber es steckt noch mehr dahinter, etwas Bedeutenderes. Die Deutsche Bank sprüht vor Energie und Begeisterung. Wohin ich auch reise, überall kann ich es sehen und fühlen. Unser großartiges Unternehmen ist in Bewegung. Die Umgestaltung der Deutschen Bank in den vergangenen drei Jahren ist einmalig in ihrer Unternehmensgeschichte, und sie ist ohne Beispiel in der gesamten Branche. Viele der selbst gesetzten Ziele haben wir fast erreicht. Zugleich hat uns diese Transformation gezeigt, wer wir sind und wohin wir gehen – mit anderen Worten: Unsere Identität als weltweit führende Investmentbank mit einem starken und profitablen Privatkundengeschäft."
> *(Josef Ackermann, in: Forum Okt./Nov. 2005, S. 5)*

Ackermann glaubte mit Leidenschaft an seine Strategie, und es zeigte sich, dass auch das Umfeld an ihn und die Deutsche Bank glaubte.

Als die Deutsche Bank 1995 den Bereich Global Markets ins Leben rief, war sie auf den internationalen Kapitalmärkten nur ein „kleiner Fisch". Die Erträge in Sales & Trading (Debt and Equity) beliefen sich damals auf eine Milliarde D-Mark, während die Bank zehn Jahre später mit Erträgen von 10,6 Milliarden Euro zu den weltweit größten Wettbewerbern in Sales&Trading-Geschäft gehörte.

> „Wir haben eine Phase außergewöhnlichen Wachstums hinter uns, und es gibt Dutzende von Gründen für eine Fortsetzung dieser Expansion."
> *(Anshu Jain, in: Forum Febr./März 2006, S. 18)*

Die Ertragssteigerung um das Zwanzigfache kennzeichnete die Wettbewerbsfähigkeit, zumal die Bank 2005 bei fast allen Produkten Platz eins oder zwei noch vor den US-amerikanischen Finanzgiganten wie Merrill Lynch, Morgan Stanley und Citigroup belegte.

Im Vergleich zu 2004 steigerte die Deutsche Bank im Gesamtjahr 2005 ihre Erträge um 17 Prozent auf 25,6 Milliarden Euro. Die Eigenkapitalrendite vor Steuern stieg von 16 Prozent im Jahr 2004 auf 26 Prozent in Jahr 2005.

Der Kurs der Deutschen-Bank-Aktie stieg 2005 um 35 Prozent, besser als der Kurs der internationalen Wettbewerber, der lediglich um 22 Prozentpunkte zulegte.

4 Dominanz des Investmentbanking

Ackermann hatte immer wieder die Bedeutung des Privatkundengeschäftes für die Deutsche Bank betont, um die Abhängigkeit vom Investmentbanking zu verringern. Um dieses Ziel zu erreichen, war es unbedingt notwendig, den richtigen Zeitpunkt für Akquisitionen abzuwarten. Aus diesem Grunde dominierte zunächst weiterhin das Investmentbanking die Ergebnisse. Vor allem durch die Zusammenführung des Anleihe- und Aktiengeschäfts und die Vereinheitlichung der Firmenkundenbetreuung konnte die Deutsche Bank im Unternehmensbereich Corporate Banking & Securities bedeutend höhere Erträge erzielen. Die gleiche positive Entwicklung führte auch im Global Transaction Banking zu erheblichen Fortschritten. Das Investmentbanking erzielte weiterhin die höchsten Erträge. Das Verhältnis Investmentbanking zum Privatkundengeschäft und der Vermögensverwaltung lag Mitte 2005 70 zu 30 Prozent. In diesem Zeitpunkt bezweifelte Ackermann, dass ein Verhältnis von 60 zu 40 Prozent möglich sei. Auf der Handelsblatt-Tagung „Banken im Umbruch“ ließ er sich sogar zu der Äußerung hinreißen:

> „Wir streben kein Verhältnis von 60 zu 40 an.“
> *(Handelsblatt vom 07.09.2005)*

Er begründete diese Äußerung damit, dass das Geschäft in der Investmentbank in den vergangenen Jahren schneller gewachsen sei als das deutsche Privatkundengeschäft. Ackermann war in einer Zwickmühle. Auf der einen Seite zeigte die Entwicklung in den Jahren 2005 und 2006, dass weiterhin die tragende Säule das Investmentbanking war. Andererseits wusste er aber auch, dass ein solider Heimatmarkt und ein erfolgreiches Privatkundengeschäft notwendig waren, um für das Investmentbanking den erforderlichen Retailmarkt zur Verfügung zu haben. Ackermann sah sich gerade in diesem Zusammenhang dem Druck der Analysten ausgesetzt, die davon ausgingen, dass die Deutsche Bank früher oder später mittels einer großen Übernahme das Privatkundengeschäft stärken wolle. Handelte es sich um eine Kehrtwende im Strategiedenken Ackermanns, oder hielt er lediglich den Zeitpunkt für ein Umdenken für verfrüht? Fest steht jedenfalls, dass er 2005 und 2006 das Investmentbanking für die entscheidende Quelle der Deutschen Bank hielt, gleichzeitig aber auch immer wieder die Bedeutung des Privatkundengeschäftes hervorhob.

Darüber hinaus glaubten zu diesem Zeitpunkt viele, Ackermann wolle die Struktur des deutschen Bankwesens verändern. Ackermann gab jedoch deutlich zu verstehen, dass er kein Problem mit der Struktur des deutschen Bankenmarktes habe. Es gehe um gleiche Wettbewerbsbedingungen. Das sei wichtiger, als eine Sparkasse kaufen zu können.

Es gab immer wieder Gerüchte, die Deutsche Bank befasse sich mit einer Fusion unter Gleichen, etwa mit einer starken europäischen Bank wie Barclays oder Credit Suisse. Auch Gerüchte, die Deutsche Bank liebäugle mit einer Fusion mit dem internationalen Riesen Citibank als Juniorpartner, hatte keinen ernstzunehmenden konkreten Hintergrund, obwohl Gespräche zwischen Ackermann und dem CEO der Citibank, Sandy Weill, stattgefunden hatten.

Sandy Weill schrieb 2006 in seinen Memoiren, Ackermann habe ihm im Berliner Adlon Hotel einen Zusammenschluss angeboten. Tatsache ist, dass Gerhard Schröder als Bundeskanzler den Kontakt zwischen Weill und Ackermann herstellte, weil er eine Fusion zwischen einer deutschen Bank – er meinte allerdings eher die Commerzbank – und der Citigroup befürwortete. Offensichtlich redete jeder mit jedem, ohne dass es zu konkreten Ergebnissen kam.

Viele Analysten, die bisher dem Strategiekonzept Ackermanns eher zurückhaltend gegenüber standen, änderten in dieser Zeit ihre Haltung und lobten die Geschäftsentwicklung der Deutschen Bank, die trotz schwierigen Umfeldes mit hervorragenden Zahlen glänzte.

> „Deutschland braucht eine handlungsfähige und reformoffene Regierung. Sie muss sich der Herausforderung eines stagnierenden Marktes in einer globalisierten Wirtschaft stellen."
> *(Josef Ackermann, in: Handelsblatt vom 28.6.2005)*

Ackermann wollte auf jeden Fall Spekulationen vorbeugen, die Deutsche Bank werde sich in Übernahmeabenteuer mit ungewissem Ausgang stürzen, nur um das Gewicht des Privatkundengeschäft zu erhöhen – etwa durch den Kauf der Commerzbank, der Postbank oder einer Sparkasse. Vor allem aber wollte sich Ackermann nicht unter Druck setzen lassen. Es war für ihn nicht immer einfach, zwischen Analystenmeinung, öffentlichen Darstellungen zu seiner Person, seinem Handeln und seinem Strategiekonzept, das er konsequent durchsetzte, die richtige Balance zu finden. Im Gegensatz zu anderen Managern in Deutschland scheute er sich nicht, an Tabus zu rütteln. Die Deutsche Bank sollte aus eigener Kraft den Wettlauf mit der immer stärker werdenden Konkurrenz in Europa, in den USA und in Asien gewinnen.

Ackermann war der festen Überzeugung, die Eigenständigkeit der Deutschen Bank könne nur durch dauerhafte Erträge erhalten werden. Die Börse, die diese Strategie zunächst nur zögerlich honorierte, trug schließlich dem Erfolg Rechnung: Der Kurs der Aktie der Deutschen Bank stieg auf über 90 Euro an. Darüber hinaus erreichte er sein Ziel, die Eigenkapitalrendite auf über 25 Prozent zu steigern. In der angelsächsischen Fachpresse wurden die Deutsche Bank und die Leistung Ackermanns hoch gelobt. Bereits zweimal hintereinander erhielt die Bank den Titel „Bank of the Year“.

> „Das Schlimmste wäre doch, wenn man über mich sagen würde: Er ist ganz nett, man weiß aber nicht so recht, wohin er will.“
> *(Josef Ackermann, in: Bild-Zeitung Frankfurt vom 20.01.2006)*

Während in der Öffentlichkeit die vermeintlich einseitige Ausrichtung der Deutschen Bank auf das Investmentbanking und die hieraus resultierenden hohen Erfolgsbeteiligungen für die Wertpapierfachleute kritisiert wurden, begann 2006 die dritte Phase der Managementagenda (2006 bis 2008) mit einer klaren Ausrichtung:

1. Beibehaltung der Kosten-, Risiko-, Kapital-regulatorischen Disziplin.
2. Kontinuierliche Investitionen in organisches Wachstum und zielgerichtete Akquisitionen.

3. Weiterer Ausbau der „stabilen“ Geschäftsfelder PCAM und GTB.
4. Weiterer Ausbau des CIB-Geschäftes.

> „Mit dem Eintritt in die dritte Phase unserer Management-Agenda beginnt ein wichtiger Abschnitt für die Deutsche Bank. Er ist deshalb so wichtig, weil wir eine neue Vision verfolgen – aus einer Position der Stärke heraus und in dem Wissen, in den vergangenen drei Jahren sehr viel erreicht zu haben.“
> (Josef Ackermann, in: Forum Okt./Nov. 2006, S. 3)

Neben dieser erfolgreichen geschäftlichen Ausrichtung brachte das Jahr 2006 eine Reihe von personellen Entscheidungen, die für die Deutsche Bank richtungsweisend wurden.

Im Januar 2006 stärkte der Aufsichtsrat die Position Ackermanns sowohl in der Deutschen Bank als auch in der Öffentlichkeit, als er erstmalig in der Geschichte der Deutschen Bank dem Sprecher des Vorstandes den Titel „Vorstandsvorsitzender“ verlieh.

Zum 3. Mai 2006 trat Rolf-E. Breuer, langjähriger Sprecher des Vorstandes, vom Vorsitz im Aufsichtsrat der Deutschen Bank zurück. Hintergrund war eine Schadenersatzklage des Medienunternehmers Leo Kirch gegen Breuer und die Deutsche Bank beim Bundesgerichtshof (BGH).

Über zehn Jahren lang streiten sich Kirch, seine Vertreter und die Deutsche Bank wegen der angeblichen Folgen eines Interviews von Rolf-E. Breuer, das dieser Bloomberg TV im Februar 2002 in New York gegeben hatte. Auf die Frage, ob Kirch weiterhin Unterstützung erhalte, hatte Breuer zur Antwort gegeben:

> „Das halte ich für relativ fraglich. Was alles man darüber lesen und hören kann, ist ja, dass der Finanzsektor nicht bereit ist, auf unveränderter Basis noch weitere Fremd- oder gar Eigenmittel zur Verfügung zu stellen. Es können also nur Dritte, die sich gegebenenfalls für eine, wie Sie gesagt haben, Stützung interessieren.“
> *(Interviewausschnitt Bloomberg TV mit Rolf-E. Breuer in: F.A.Z. vom 14.02.2012)*

Der Prozess zog sich noch lange nach dem Tod von Leo Kirch im Jahr 2011 hin. Dennoch schien es nach zehn Jahren Prozess im Dezember 2012 zu einer Einigung zwischen den Kirch-Erben und der Deutschen Bank zu kommen. Diese angestrebte Lösung sah vor, dass die Deutsche Bank den Erben Kirch rund 800 Millionen Euro Schadenersatz zahlen sollte. Allerdings entschied der Vorstand der Deutschen Bank Ende Februar 2012, den Vergleich nicht weiter zu verfolgen, da er befürchtete, dass einerseits die Aktionäre klagen könnten, andererseits aber auch die Deutsche Bank gegen Breuer Regressansprüche geltend machen müsse. Somit wird es der neuen Spitze im Vorstand der Bank, Jürgen Fitschen und Anshu Jain, nicht erspart bleiben, sich in den nächsten Jahren mit dieser Sache weiter auseinander zu setzen.

Nachfolger von Rolf-E. Breuer im Vorsitz des Aufsichtsrates wurde der Finanzvorstand der Deutschen Bank Clemens Börsig. Er war seit 1985 bei der Robert Bosch GmbH und seit 1997 Finanzvorstand der RWE, bevor er zur Deutschen Bank kam.

„Mit 8–6–4–31 ließe sich das Ergebnis auf eine stark einfache Kurzformel bringen. Rund 8 Milliarden Euro Ergebnis vor Steuern führten zu einem Gewinn von 6 Milliarden Euro und zu einem Dividendenvorschlag von vier Euro pro Aktie sowie eine Eigenkapitalrendite von 31 Prozent."
(Josef Ackermann, in: Forum Febr./März 2007, S. 3)

So beschrieb Ackermann das Ergebnis für das Jahr 2006. Mit diesem Rekordergebnis hatte die Deutsche Bank ihre Position unter den weltweit führenden Investmentbanken gefestigt und sogleich beachtliche Fortschritte im Privatkundengeschäft und im Asset Management erzielt.

In den Kerngeschäftsfeldern konnte die Bank Marktanteile hinzugewinnen und Mehrwert für die Aktionäre schaffen. Der Kurs der Deutsche-Bank-Aktie hatte 2006 die 100-Euro-Marke übersprungen und sich im Jahresverlauf besser als der STOXX-Banken-Index und besser als der Dax entwickelt.

Schritt für Schritt etablierte sich die Deutsche Bank weltweit und gewann überall in der Welt Kunden, bei denen sie eine hohe Wertschätzung genoss.

> „Auch bei den Kunden genießt die Deutsche Bank hohe Wertschätzung. Sie spüren: Bei uns erhalten sie die richtigen Produkte, bei uns stimmt der Service, von uns bekommen sie Innovationen geboten. Unsere Kunden fühlen sich bei uns gut aufgehoben, denn sie wissen, sie sind Kunden eines der besten Finanzdienstleisters der Welt. Dieses Vertrauen, das uns die Kunden schenken, ist ein hohes Gut und Grundlage unseres Erfolges."
> *(Josef Ackermann, in: Forum Febr./März 2007, S. 3)*

Die Deutsche Bank eröffnete Filialen in Dubai und Katar, eine Repräsentanz in der bulgarischen Hauptstadt Sofia, gründete unter der neuen Marke „db kredyt" 66 Niederlassungen für das Konsumentenkreditgeschäft in Polen, beteiligte sich mit 51 Prozent an der algerischen Finanzberatungsfirma Strategica und mit 10 Prozent an der Hanoi Building Commercial Joint Stock Bank (Habubank). Sie erwarb die britische Versicherungsgesellschaft Abbey Life Assurance Company von der Lloyds TSB Group, und schließlich unterzeichneten Fortis, ABN AMRO und die Deutsche Bank eine Vereinbarung zum Erwerb von Teilen des Commercial Banking in den Niederlanden.

Die Deutsche Bank war Ende 2006 in 76 Ländern mit mehr als 78.000 „Deutschbankern" präsent und erfolgreich: in den wichtigsten Ländern Europas, in den USA, in Mittel- und Südamerika, im asiatisch-pazifischen Raum und in einigen arabischen Ländern. Die Mitarbeiterzahl stieg in den Jahren zwischen 2006 bis 2009 von rund 72.000 auf über 80.000 an.

Die Aufregung über Entlassung von 6.400 Mitarbeitern, die Ackermann in der Jahrespressekonferenz Februar 2005 verkündet hatte, war im Nachhinein betrachtet unnötig, aber verständlich. Ein Unternehmen erfolgreich zu führen heißt auch, eine dem Unternehmen angepasste Personalpolitik zu gestalten. Wäre das Lob für die Schaffung von mehr als 8.000 Arbeitsplätzen ebenso stimmgewaltig ausgefallen wie die Kritik beim Abbau von 6.400 Mitarbeitern, so wäre der Öffentlichkeit zumindest bewusst geworden, dass Ackermann nicht nur Mitarbeiter entlässt, sondern zum richtigen Zeitpunkt auch entsprechend viele Mitarbeiter wieder einstellt. Hier hätte die Kommunikation der Deutschen Bank eine Steilvorlage gehabt, um den vorausgegangenen Abbau ins richtige Licht zu rücken.

5 Die Finanzkrise

Zwar begann das Jahr 2007 mit ähnlichen und teilweise besseren Ergebnissen als 2006. Aber im Sommer 2007 begann eine Krise, die sich im Jahre 2008 noch verstärkte und an das Bankwesen zahlreiche bis zu diesem Zeitpunkt nicht gekannte Herausforderungen stellte. Auch die Deutsche Bank musste im Verlauf des Jahres 2007 den Unsicherheiten an den globalen Finanzmärkten Rechnung tragen. Gleichwohl gelang es ihr vor allem wegen der Diversifikation des Geschäftsmodells sowohl im Hinblick auf die geographische Ausrichtung als auch auf die Geschäftsaktivitäten zunächst, auf Erfolgskurs zu bleiben.

Seit Beginn der Turbulenzen an den Kreditmärkten im Sommer 2007 mussten die Analysten ihre Schätzungen über die Verluste aus Subprime-Engagements und anderen strukturierten Produkten ständig nach oben korrigieren. Das Finanzsystem befand sich in der schwersten Krise seit dem Zweiten Weltkrieg. Sie war nicht zu vergleichen mit dem Börsencrash von 1987 oder dem Platzen der Internetblase an den Börsen zur Jahrtausendwende. Eine lokale Kreditkrise am amerikanischen Häusermarkt hatte sich zunächst zu einer Vertrauenskrise unter Banken entwickelt. Notenbanken aus Amerika, Europa und Asien versuchten in gemeinsamen Rettungseinsätzen, die Geldmärkte zu fluten und ein Austrocknen zu verhindern. Aber die Liquiditätskrise eskalierte zu einer globalen Verschuldungskrise und erfasste Beteiligungsgesellschaften, Hedgefonds und Versicherungen.

Die Banken mussten hierbei zur Überraschung vieler Beobachter mit rund 150 Milliarden US-Dollar (Februar 2008) die Hauptlast tragen. Manche Institute, so zum Beispiel auch die Deutsche Bank, wurden weitaus weniger stark von den Marktturbulenzen getroffen, während einige der größten Wettbewerber der Deutschen Bank Abschreibungen von jeweils 10 bis 30 Milliarden US-Dollar vornehmen mussten und gezwungen waren, neues Kapital aufzunehmen. Viele Banken und Broker waren vor Ausbruch der Marktturbulenzen zu große Risiken eingegangen, um höhere Erträge zu erzielen. Sie waren trotz des bereits zu diesem Zeitpunkt unter Investmentbanken üblichen „Originate and Distribute“-Geschäftsmodells zur Absicherung eines Großteils der Risiken im Fixed-Income-Geschäft vor allem mit strukturierten Produkten von dieser Risikosicherung abgewichen.

Wie alle Investmentbanken war auch die Deutsche Bank am Boom der US-Immobilienkredite beteiligt. Die Regierung George W. Bush und das Federal Reserve System unter Alan Greenspan hatten zu Beginn des neuen Jahrtausends und vor allem nach den Ereignissen vom 11. September 2001 den Immobilienmarkt mit niedrigen Zinsen besonders auch an Geringverdiener angeheizt. Jeder Amerikaner sollte sich ein Eigenheim leisten können. Da die Immobilienpreise danach unaufhörlich stiegen und die Kredite zudem von der staatlichen Behörde Federal Housing Administration (FHA) abgesichert waren, bestand eigentlich weder für den Kreditnehmer noch für die kreditgebende Bank ein Risiko. Die Banken kauften Immobilienkredite auf und gaben diese als verbriefte Wertpapiere oder Produkte, die sich aus diesem Immobilienkrediten zusammensetzten, sogenannten CDOs (Collateralized Debt Obligations), an Kunden weiter.

Um sich gegen Verluste abzusichern, schlossen die Banken Kreditausfallversicherungen ab, zum Beispiel mit der amerikanischen Gesellschaft AIG (American International Group), die übrigens 2008 aufgrund dieser Geschäfte zahlungs- und handlungsunfähig wurde und vom US-Staat mit 85 Milliarden US-Dollar gestützt werden musste. Allein die Deutsche Bank wickelte danach Geschäfte im Wert von 12 Milliarden Dollar mit der AIG ab. Diese waren allerdings durch verpfändete Wertpapiere gesichert.

Diese Produkte, die ständig neu zusammengesetzt wurden, so zum Beispiel standardisierte Kreditausfallversicherungen auf Hypotheken, waren letztlich Wetten auf einen Einbruch im US-Immobilienmarkt. In den Jahren 2005, 2006 und Anfang 2007 boomten diese Geschäfte. Die Deutsche Bank erwarb im Sommer 2006 den Hypothekenfinanzierer MortgageIT für 326 Millionen Euro, obwohl Ackermann und Jain vor einem Kauf gewarnt hatten. Doch die Erfolge im US-Immobilienkreditmarkt mit staatlicher Absicherung waren offensichtlich zu verlockend.

Die Finanzkrise veranlasste Ackermann, rasch Konsequenzen zu ziehen und die Geschäftspolitik zu verändern. Der Eigenhandel wurde stark eingeschränkt.

Allerdings gab es und gibt es noch eine Reihe von juristischen Nachspielen. Die US-Regierung, die US-Finanzierungs-Gesellschaft FHA und auch die Loreley-Gesellschaften der IKB verklagten die Deutsche Bank wegen betrügerischer Geschäfte mit CDOs oder verbriefter Hypotheken (Residential mortgage-based securities, RMBS). Die US-Wertpapieraufsicht SEC ermittelt derzeit gegen die Deutsche Bank wegen Manipulationen bei CDO-Geschäften. Die Deutsche Bank wehrt sich massiv gegen diese Anschuldigungen, wird sich aber in den nächsten Jahren mit diesen Vorwürfen auseinandersetzen müssen.

Ackermann hatte bereits in der Jahres-Pressekonferenz vom 2. Februar 2012 erklärt, dass er seinen Nachfolgern Jürgen Fitschen und Anshu Jain keine „Altlasten“ überlassen wolle. Im Jahresergebnis 2011 waren 655 Millionen Euro für mögliche Vergleiche enthalten, allerdings enthielten diese nicht eventuelle Einigungszahlungen für die Prozessfolgen des Medienunternehmers Kirch. Fest steht, dass Ackermann möglichst viele „Rechtsstreitigkeiten“ vor seinem Ausscheiden klären wollte. So kam es zu einem Vergleich mit den früheren Zweckgesellschaften der Düsseldorfer IKB. Die Loreley-Zweckgesellschaften hatten die Deutsche Bank im Oktober 2011 in New York auf Schadenersatz über 440 Millionen US-Dollar verklagt. Als wichtigster Gläubiger der früheren IKB-Zweckgesellschaften hatte die KfW (Kreditanstalt für Wiederaufbau, Frankfurt am Main) das Verfahren befürwortet. Die KfW hatte die im Juli 2007 in die Krise geratene IKB (Rhineland-Risiken) stützen müssen und hierbei Verluste in Höhe von 10 Milliarden Euro erlitten.

Ackermann beendete auch die Rechtsstreitigkeiten in Italien. Hier einigte sich die Deutsche Bank auf einen Vergleich in einem komplexen Zinsprodukt. Die Deutsche Bank, die HRE-Tochter Depfa, die US-Investmentbank JP Morgan und die Schweizer UBS einigten sich mit der Mailänder Stadtverwaltung. Die Stadtverwaltung konnte den auf 450 Millionen Euro veranschlagten Zeitwert der Zinsprodukte einstreichen und erhielt weitere 40 Millionen Euro von den beteiligten Banken.

Die Deutsche Bank hatte ebenfalls Bestände an strukturierten Wertpapieren, Hypothekenkrediten, gewerblichen Immobilien und Leveraged Buy-Out-Transaktionen in ihren Büchern. Auch sie hatte im Sommer 2007 außergewöhnliche Marktverwerfungen und gewisse Basisrisiken für einige der Absicherungsgeschäfte zu bewältigen. Insgesamt musste die Bank daher im dritten Quartal 2007 Abschreibungen in Höhe von 2,2 Milliarden Euro vornehmen. Das allerdings war im Vergleich zu den Konkurrenten eine geringe Belastung. Mit einem Rekordergebnis von 8,7 Milliarden Euro vor Steuern im Jahr 2007 überraschte die Deutsche Bank in der Jahrespressekonferenz Anfang Februar 2008 und bewies, dass sie bis zu diesem Zeitpunkt die weltweite Finanzkrise gut gemeistert hatte.

Allerdings sah Ackermann das Jahr 2008 äußerst skeptisch, da die Krise noch lange nicht überstanden war. Die Entwicklung der nachfolgenden Ereignisse gab ihm recht. Einen Monat später bereits hielt Ackermann die Krise für so gravierend, dass er massive staatliche Interventionen forderte:

> „Ich glaube nicht mehr an die Selbstheilungskräfte der Märkte."
> *(Josef Ackermann, in: Focus online vom 18. März 2008)*

Dennoch glaubte er, dass die Deutsche Bank aus den Marktturbulenzen gestärkt hervorgehen werde. Im Investmentbanking wollte er auch weiterhin Investitionen in Wachstumsbereichen tätigen. Allerdings beabsichtigte er, das Engagement bei Geschäften mit strukturierten Produkten zurückzufahren. Dies gehe, so Ackermann, mit einer Verkürzung der Bilanzsumme und einer Verminderung des Schuldenhebels einher.

Die Krise eskalierte schließlich, wobei das Ende von Lehman Brothers im September 2008 nicht nur den Höhepunkt bildete, sondern für zahlreiche Banken verheerende Folgen hatte. Merrill Lynch, eines der bedeutendsten Investmentbankhäusern an der Wall Street, wurde von der Bank of America aufgefangen. Zahlreiche Banken überlebten nur mit Staatshilfe.

Die Krise führte zu heftigen Diskussionen über die Struktur des Bankensystems. Der ehemalige Vorsitzende des Federal Reserve Systems und zum Zeitpunkt der Finanzkrise Berater von Präsident Barack Obama, Paul Volcker, forderte eine Rückkehr zum zweigeteilten Bankenmodell. Dieses Konzept des „Narrow Banking“ mit einer Begrenzung von riskanten Geschäften sollte das Dilemma um den Status von Banken als „too big to fail“ lösen. Es muss allerdings bezweifelt werden, ob die Größe einer Bank entscheidend ist, um in Krisen zu bestehen oder unterzugehen. Hätten Lehman oder andere von der Krise getroffene Geschäfts- und Investmentbanken wie Bear Stearns oder Northern Rock die Krise gemeistert? Banken sind parallel zur gesamtwirtschaftlichen Entwicklung gewachsen. Hugo Bänziger, Chief Risk Officer und Mitglied des Vorstandes der Deutschen Bank, glaubt, dass die Größe der Finanzinstitute eher Größenvorteile an sich birgt, von denen die Kunden und die großen globalen Unternehmen profitieren, zum Beispiel bei der Abwicklung umfangreicher Transaktionen.

Ackermann hielt Ende 2008/Anfang 2009 viele Banken nicht mehr für fähig, sich allein aus der Krise zu retten. Als Vorsitzender des internationalen Bankenverbandes IIF betonte er am 13. Oktober 2008:

> „Wenn es uns nicht gelingt, das Vertrauen wieder herzustellen, werden die Märkte noch weiter einbrechen.“
> *(Josef Ackermann, in: Handelsblatt vom 13.10.2008)*

Wenige Tage zuvor hatte die Bundesregierung eine Staatsgarantie für alle Einlagen von Privatkunden verkündet. Am 8. Januar 2009 stützte sie die Commerzbank mit einer weiteren Kapitalspritze von

10 Milliarden Euro und übernahm im Gegenzug 25 Prozent der Aktien. Die weltweit 100 größten Banken verzeichneten zu diesem Zeitpunkt seit Anfang 2007 Abschreibungen und Verluste in Höhe von 754 Milliarden US-Dollar.

Auch die Deutsche Bank musste im vierten Quartal des Jahres 2008 einen Verlust von 4,8 Milliarden Euro nach Steuern hinnehmen. Das Gesamtjahr 2008 schloss sie mit 3,9 Milliarden Euro Verlust nach Steuern ab. Dennoch betrachtete Ackermann die Chancen für das Jahr 2009 äußerst optimistisch. Die Eigenkapitalquoten waren nach wie vor solide. Altlasten und Risiken waren deutlich abgebaut worden. Liquidität und die Finanzierungsbasis waren stark. Kosteneffizienzmaßnahmen waren auf dem Weg. In einigen Geschäftsfeldern öffneten sich im neuen Umfeld neue Chancen. Im Januar 2009 lagen die Erträge in Höhe von 2,8 Milliarden Euro nur geringfügig unter dem Rekordergebnis zum Jahresauftakt 2007.

Das Geschäftsmodell „Deutsche Bank", das sich durch strikte Kosten-, Kapital- und Risikodisziplin auszeichnet, hatte sich in der Krise bewährt. Insgesamt waren relativ solide Ergebnisse erwirtschaftet worden, und die Deutsche Bank konnte ihre gute Kapital- und Liquiditätsposition verteidigen. Stolz konnte Ackermann feststellen:

> „Wir sind überzeugt, dass wir aus der gegenwärtigen Krise gestärkt hervorgehen."
> *(Josef Ackermann, in: Forum 1/2009, S. 6)*

Die Deutsche Bank war nach dem Verlust für das Gesamtjahr 2008 auf dem Höhepunkt der Finanzkrise schnell in die Gewinnzone zurückgekehrt. Alle Segmente der Deutschen Bank waren 2009 wieder profitabel. Mit Genugtuung konnte Ackermann auf das Jahr 2009 zurückblicken, zumal die Gewinne „bei deutlich vermindertem Risiko und mit kleinerer Bilanzsumme" erzielt worden waren. Und erklärend fügte er hinzu:

„Das gute Ergebnis haben wir genutzt, um unsere Eigenkapitalbasis weiter zu stärken. Unsere Kapitalquoten sind heute besser denn je. Aufgrund unserer Finanzstärke und unserer strategischen Positionierung sind wir für die Chancen und Herausforderungen 2010 bestens gerüstet."
(Josef Ackermann, in: Forum 1/2010, S. 6)

Der Gewinn nach Steuern bezifferte sich 2009 auf rund 5 Milliarden Euro.

Allerdings hatte Ackermann aus der Krise eine Lehre gezogen, die nachdenklich stimmt:

„25 Prozent sind nicht in Stein gemeißelt. Das ist eine Richtgröße."
(Josef Ackermann, am 15. März 2009, in: Financial Times Deutschland vom 29.04.2009)

Zu diesem Zeitpunkt war Ackermann bereits klar, dass er die drei großen Ziele, die er sich gesetzt hatte (25 Prozent Eigenkapitalrendite vor Steuern, unter die führenden zehn Institute der Welt zu kommen und den Aktienkurs nach oben zu führen) nur partiell erreicht hatte. Diese Tatsache hatte sein Denken zu diesem Zeitpunkt bereits entscheidend verändert. Er erkannte, dass nicht nur die Größe, das Maximieren, das Ziel sein musste, sondern dass auch aus Optimierung Rentabilität und Größe entstehen kann, aber nicht muss.

6 Heimatmarkt

Die Deutsche Bank war ursprünglich als internationales Institut mit der Aufgabe, das Auslandsgeschäft zu betreiben, gegründet worden. Aber als Spezialbank zur Außenhandelsfinanzierung wusste Georg von Siemens, der erste Vorstandssprecher der Bank, dass es eines starken Heimatmarktes bedurfte, um im internationalen (heute würden wir sagen globalen) Geschäft bestehen zu können. Anfänglich entsprach die Deutsche Bank eher dem englischen Typ einer „Commercial Bank“: Vergabe kurzfristiger Handelskredite und Annahme kurzfristiger Einlagen. Auf der Höhe der Gründerkrise änderte Georg von Siemens seine Strategie und gab als Ziel aus, den Heimatmarkt zu stärken. Das hieß damals, Emissions- und Finanzierungsgeschäfte zu betreiben. Die Aufregung war groß. Eine Bremer Aktionärsgruppe forderte Siemens auf, das Kapital von 30 Millionen Taler (90 Millionen Mark) auf 10 Millionen Taler (30 Millionen Mark) zu kürzen und sich auf die in der Satzung verankerte Zielsetzung zu konzentrieren. Allerdings hatten die Misserfolge in Asien (Schließung der Filialen 1875 in Shanghai und Yokohama) gezeigt, dass die Umwandlung von einer reinen Geschäfts- zu einer Universalbank und somit zu einer „großen Bank“, die neben dem Wechsel- und Kontokorrentgeschäft sich auch, auf der Basis des Diskontgeschäfts, der Emission von Staats- und Industriepapieren widmete, nicht einfach war.

Im Geschäftsbericht von 1876 wurde dieser strategische Kurswechsel diskret unter der Rubrik „Inländische Geschäfte“ angekündigt. Der Heimatmarkt, das Engagement im heimischen Industriegeschäft, bildete die Basis, um dann Ende des 19. Jahrhunderts mit aller Macht ins globale Geschäft einzusteigen. Die Deutsche Bank begleitete Mannesmann, Siemens, die AEG, Philipp Holzmann, die Badische Anilin & Soda Fabrik (BASF), Bayer Leverkusen und viele andere Unternehmen auf dem Weg an die Weltspitze. Der Heimatmarkt blieb die Basis der Geschäftstätigkeit der Deutschen Bank.

Was war aber zu Beginn des 21. Jahrhunderts mit dem Heimatmarkt? Ackermann hatte die Deutsche Bank zu einer weltweit führenden Investmentbank ausgebaut. Sicherlich schlug sein Herz in erster Linie für diesen Geschäftsbereich. Aber dabei hatte er keinesfalls – wie verschiedentlich bereits beschrieben – den Heimatmarkt aus dem Auge verloren. In seiner zehnjährigen Amtszeit hatte er nie die Absicht, die Deutsche Bank ins Ausland zu verlegen. Wiederholt bekräftigte er das Bekenntnis der Deutschen Bank zu ihrem Heimatmarkt:

> „Nur aus einer Wettbewerbsposition der Stärke im eigenen Land heraus können wir auch in der Welt erfolgreich sein."
> *(Josef Ackermann auf der Hauptversammlung 2006, Zitat, in: Forum Juni/Juli 2006, S. 11)*

Jürgen Fitschen, der über elf Jahre im Ausland, vor allem in Asien, für die Deutsche Bank tätig war, übernahm bereits 2004 als CEO Deutschland die Aufgabe, das Geschäft im Heimatmarkt zu stärken und weiter auszubauen. Auch er stellte klar, dass die Deutsche Bank sich zu keinem Zeitpunkt aus dem Heimatmarkt zurückgezogen habe. Richtig sei vielmehr, dass die Deutsche Bank ihre Erträge in den vorangegangenen fünfzehn Jahren in Deutschland um 50 Prozent gesteigert habe. Dass der deutsche Anteil an den weltweiten Erträgen auf 33 Prozent zurückgegangen sei, liege am gleichzeitigen überproportionalen Ausbau des Geschäfts im Ausland. Und das, so Fitschen, sei richtig und notwendig gewesen.

> „Wir werden die Zusammenarbeit zwischen den Unternehmensbereichen vertiefen, um Beratung, Produkte und Dienstleistungen schneller und besser als bisher auf die regionalen Bedürfnisse unserer Kunden abzustimmen."
> *(Jürgen Fitschen, in: Forum Dez. 2004/Jan. 2005, S. 15)*

Und im Jahr 2007 konnte Fitschen feststellen:

> „In unserem Heimatland sind wir der dominante Marktführer, und das soll so bleiben. Unsere Stärke und Profitabilität im eigenen Land sind Garantien dafür, auch weiterhin in unsere internationale Expansion zu investieren und die erfolgreiche strategische Positionierung ausbauen zu können. Nur wenn wir zu Hause für unsere Kunden erste Wahl sind, werden uns Kunden weltweit als bevorzugter Partner auswählen."
> *(Jürgen Fitschen, in: Forum Dez. 2007/Jan. 2008, S. 3)*

In der dritten Phase der Managementagenda dominierte eindeutig das Investmentbanking. Aber dennoch wurde kontinuierlich das Privatkundengeschäft im Heimatmarkt, den europäischen Ländern wie Spanien, Italien, Belgien, den Niederlanden und Polen, aber auch in zahlreichen Schwellenländern wie zum Beispiel China und Indien ausgebaut.

Bereits im Jahr 2006 hatte die Deutsche Bank von der Landesbank Berlin die Berliner Bank erworben. Am 1. Januar 2007 hatte die Berliner Bank 320.000 Kunden. Nahezu 100 Prozent der Kunden hielten der Bank nach dem Kauf durch die Deutsche Bank die Treue. Ihr Claim „Die persönliche Bank" kennzeichnet am besten die Identität dieser Bank. Als persönliche Bank besaß sie eine enge Kunde/Berater-Beziehung und eine starke regionale Verwurzelung. Mit dem Erwerb der Berliner Bank kam die Deutsche Bank in der Hauptstadt Berlin auf mehr als 100 Filialen mit 770.000 Kunden.

Die Akquisition der auf Konsumentenkredite spezialisierten Norisbank in Nürnberg von der Gruppe der DZ-Bank ebenfalls im Jahr 2006 stärkte das Privatkundengeschäft der Deutschen Bank nachhaltig und ergänzte das Filialnetz in Deutschland um 98 Filialen in 58 Städten und 334.000 Kunden.

Die Finanzkrise mit ihren schlimmsten Auswirkungen auf die US-amerikanischen und europäischen Banken und die neuen Regulierungsvorschriften führten dazu, dass die Banken sich verstärkt wieder auf ihren Heimatmarkt konzentrierten. Banken mussten sich nun konkret die Frage stellen, woher in den nächsten Jahren das Wachstum kommen sollte. Im Heimatmarkt profitieren die Banken von langfristigen Kundenbeziehungen, besserer Marktkenntnis, aber auch durch enge Kontakte zu Politikern und Regulierern. Dennoch konnte die Formel für die Zukunft nur lauten: den Heimatmarkt stärken und im Ausland präsent sein. Langfristig sorgt internationale Diversifizierung für größere Stabilität. Gerade Banken in entwickelten, alternden Volkswirtschaften können in den Weltmärkten neue Wachstumschancen finden. Einfache Finanzprodukte, aber auch stark wachsende Nischen wie zum Beispiel Islamic Finance oder die Mikrofinanzierung sowie der weitere Aufstieg der Schwellenländer, der demographische Wandel und der Klimawandel boten eine vielseitige Angebotspalette, die von der Deutschen Bank voll ausgeschöpft wurde.

Das Privatkundengeschäft war absolut notwendig, um die Deutsche Bank langfristig zu stabilisieren. Ein ausgewogener Spartenmix bedeutete einen klaren Zugewinn an Stabilität, konnte aber auch dazu führen, dass die Gewinne niedriger ausfielen. Aber die Aussichten, dass der Deutschen Bank der Spagat zwischen riskanten Geschäftsfeldern wie Investmentbanking und weniger riskanten wie Privat- und Firmenkundengeschäft gelingen werde, stand von Anfang an nicht in Zweifel, zumal die Deutsche Bank gestärkt aus der Krise hervorging. Um erfolgreich zu sein, brauchte die Bank Kunden.

> „Wir wissen, Banken können in einer Parallelwelt nicht gedeihen, sie brauchen die Zustimmung der Menschen, und das heißt: Sie müssen in ihrem Tun nicht nur der so genannten realen Wirtschaft dienen, wie es oft heißt, nein, mehr noch: Sie müssen den Menschen dienen."
> *(Josef Ackermann auf der Jahrespressekonferenz Anfang Februar 2010)*

Als sich die Top-Führungskräfte der Deutschen Bank 2009 in Washington D.C. zur Senior Management Conference trafen, mussten sie dann auch nicht über eine Änderung, sondern nur über eine Weiterentwicklung der bisherigen Strategie diskutieren. Die Deutsche Bank wollte weiterhin eine weltweit führende Investmentbank sein. Allerdings wurde klar herausgestellt, dass das Privatkundengeschäft, das im Heimatmarkt unangefochten führend war, sowie die Geschäftsentwicklung in Asien zu den vier Hauptelementen der auf zwei Jahre angelegten Phase vier der Managementagenda gehörten:

- Steigerung der Profitabilität im Corporate und Investment Banking bei erhöhter Risiko- und Bilanzdisziplin.
- Fokus auf die zentralen Geschäftsbereiche in Private Clients und Asset Management und auf die Marktführerschaft im Heimatmarkt.

- Fokus auf Asien als eine Schlüsselregion für weiteres Gewinnwachstum.
- Neubesinnung auf die Leistungskultur.

Erstmals wurde in der Managementagenda der Begriff Heimatmarkt deutlich hervorgehoben.

Ackermann sah nun die Zeit für reif, sicherlich auch aus den Erfahrungen der Finanzkrise gestärkt, durch weitere Übernahmen den Heimatmarkt zu stärken. Vor allem durch die Übernahme der Postbank veränderte sich das Deutschlandgeschäft der Bank nachhaltig, da sie hierdurch die klare Führungsrolle im Privatkundengeschäft übernahm. Im September 2010 hatte die Deutsche Bank den Aktionären der Postbank AG, an der sie bereits mit knapp 30 Prozent beteiligt war, ein freiwilliges öffentliches Übernahmeangebot gemacht. Darüber hinaus führte die Deutsche Bank eine Kapitalerhöhung über mehr als 10 Milliarden Euro durch – die größte Kapitalerhöhung in ihrer Geschichte. Hierdurch sollte das Übernahmeangebot für die Postbank finanziert und die Kapitalbasis für die höheren regulatorischen Kapitalanforderungen gestärkt werden. Die Kapitalerhöhung wurde erfolgreich abgeschlossen und eine Zeichnungsquote von fast 100 Prozent erzielt. Stefan Krause, Chief Financial Officer, sah in der Übernahme der Postbank einen klaren Schritt der Deutschen Bank in die Zukunft:

> „Die geplante Übernahme der Postbank wird unser Geschäft verändern. Wir würden auf unserem Heimatmarkt Deutschland die klare Führungsrolle im Privatkundengeschäft übernehmen und mehr als 24 Millionen Kunden betreuen."
> *(Stefan Krause, in: Forum 4/2010, S. 3)*

Die Postbank hatte mit 14 Millionen Kunden eine starke Position im deutschen Markt. Sie verfügte über 1.100 eigene Filialen und vertrieb ihre Finanzdienstleistungen über mehrere 1.000 Filialen der Deutschen Post. Im Retailbanking gilt der deutsche Markt als einer der schwierigsten in Europa. Nirgendwo kämpfen so viele Banken um die Kunden: 24 Institute pro 1 Million Einwohner. Noch immer dominieren – in der Gesamtsumme – Sparkassen und Genossenschaftsbanken. Ferner gelten die deutschen Durchschnittsverbraucher als relativ zurückhaltende Kunden, denen Sicherheit meist vor Ertrag geht. Auf der anderen Seite ist das deutsche Retailbanking eines der größten in Europa. Hier werden nach Schätzungen jährlich rund 51 Milliarden Euro für Finanzdienstleistungen ausgegeben.

Gemessen am Einlagenvolumen gehörte die Deutsche Bank nun zu den fünf führenden europäischen Finanzdienstleistern. Die Mitarbeiterzahl der Deutschen Bank erhöhte sich um 20.000 Personen. Es galt, zwei unterschiedliche Unternehmenskulturen zusammenzuführen. Die Führungsspitze der Deutschen Bank entschied sich daher mit Recht für die Beibehaltung beider Markennamen und damit auch Markenpersönlichkeiten. Für die Kunden war es wichtig, dass die Marke Postbank erhalten blieb, da außer Frage steht, dass die Marke ein zentrales Entscheidungskriterium für die Kunden ist. Markenimage und Markenerfahrung müssen übereinstimmen.

Ende Oktober 2009 gaben die Deutsche Bank und die Eigentümer der Sal. Oppenheim jr. & Cie. S.C.A. den Abschluss eines Rahmenvertrages bekannt, wonach die Deutsche Bank 100 Prozent an der Sal. Oppenheim Gruppe erwerben wollte. Mit dem Erwerb der Luxemburger Holding liefen 2010 sämtliche Aktivitäten der in Köln ansässigen deutschen Tochter Sal. Oppenheim jr. & Cie. KGaA auf die Deutsche Bank über. Oppenheim gehörte zu einer der ältesten und über Jahrhunderte erfolgreichsten Banken in Deutschland. Als integrierte Vermögensverwaltungsbank bietet sie Lösungen für vermögende Privatkunden und Familien, institutionelle Anleger sowie für das Fondsgeschäft an.

„In den Bereichen Private & Business Clients (PBC) und Private Wealth Management (PWM) wird die Bank vor allem durch Transaktionen wie die Beteiligung an der Postbank und dem Kauf der Privatbank Sal. Oppenheim ihre marktführende Position auf dem Heimatmarkt ausbauen, um weiter zu wachsen."
(Josef Ackermann, in: Forum 4/2009, S. 13)

Schließlich erwarb die Deutsche Bank im April 2010 Teile des niederländischen Firmenkundengeschäfts ABN AMRO. Mit in diese Fusion integriert war ein Filialnetz aus 15 ABN AMRO-Niederlassungen sowie die Hollandsche Bank Unie N.V. mit Sitz in Rotterdam und die niederländische IFN Finance B.V.

Es war klar, dass der Zukauf von Sal. Oppenheim und der Postbank das Zwei-Säulen-Modell ausgeglichener gestalten sollte. Langfristig betrachtet, so die Strategie Ackermanns, war ein ausgewogener Spartenmix sicherlich der richtige Weg. Ackermann wusste aber auch, dass ein solcher Zugewinn an Stabilität zugleich auch ein niedrigeres Gewinnziel bedeuten konnte. Dennoch hielt er am Ausbau des Investmentbankings fest, da dies das profitabelste Geschäftsfeld bleiben sollte. Es war daher konsequent, auch dort weiter zu wachsen.

Im ersten Quartal 2010 konnte die Deutsche Bank dank eines positiven Umfelds und einer Stabilisierung der Weltwirtschaft, vor allem aber wegen eines kräftigen Wachstums in vielen Schwellenländern, ein hervorragendes Ergebnis erzielen. Ackermann betonte:

> „In diesem ökonomischen Umfeld hat die Deutsche Bank erneut ihre Ertragsstärke bewiesen. Der Konzernbereich Corporate and Investmentbank erzielte 2,7 Milliarden Euro, ein neues Rekordergebnis vor Steuern in einem Quartal. Das ist umso bemerkenswerter, als wir seit Ausbruch der Krise unseren Eigenhandel massiv verringert und die Risikopositionen kräftig abgebaut haben."
> *(Josef Ackermann, in: Forum 2/2010, S. 6)*

Der Gewinn nach Steuern betrug in diesem Quartal 1,8 Milliarden Euro.

Allerdings gestaltete sich das wirtschaftliche Umfeld insgesamt im Jahr 2010 äußerst schwierig. Dennoch konnte die Deutsche Bank aufgrund ihres neu ausgerichteten Geschäftsmodells ihre Stellung im Wettbewerb deutlich verbessern und erzielte ein robustes Ergebnis. Ackermann sah das Jahr 2010 als einen Zeitraum der Veränderungen an:

> „Das Jahr 2010 war für die Deutsche Bank ein Jahr des Wandels und der Investition in die Zukunft. Die Bank hat erneut die Ertragskraft ihres Kerngeschäfts bewiesen und ihre globale Marktposition deutlich verbessert."
> *(Josef Ackermann, in: Forum 1/2011, S. 6)*

Ackermann wollte diese hervorragende Ausgangsbasis für weiteres Wachstum nutzen, um die selbst gesteckten Ergebnisziele zu erreichen. Die zukünftige Entwicklung sah er positiv, trotz verbleibender Risiken und Unwägbarkeiten hinsichtlich des wirtschaftlichen Umfelds. Das positive Ergebnis des ersten Quartals 2010 konnte nicht gehalten werden. Der Gewinn nach Steuern belief sich am Ende des Jahres 2010 lediglich auf 2,3 Milliarden Euro.

Ackermann sah das Jahr 2011 positiv, aber nur wenn die Bank die viel versprechenden Wachstumschancen nutze, das hieß konkret, wenn die Bank investiere. Um dieses Ziel zu erreichen, hatte die Bank 2010 einige Veränderungen vorgenommen: Dazu gehörten die Zusammenführung der Bereiche Capital Markets, Advisory and Transaction Banking im Konzernbereich Corporate and Investment Bank (CIB), Übernahmen im Konzernbereich PCAM sowie die Stärkung des Geschäftes der Deutschen Bank in Asien. Um erfolgreich bei der Umsetzung zu sein, forderte Ackermann 2011 Disziplin und Zuversicht.

> „Unser Ziel für 2011 ist ein Vorsteuerergebnis von insgesamt 10 Milliarden Euro aus allen Geschäftsbereichen."
> *(Josef Ackermann, in: Forum 1/2011, S. 3)*

Ackermann sah die Verwirklichung dieses Zieles in einer Transformation der Ertragskraft der Deutschen Bank und einer Schwerpunktverschiebung innerhalb des Geschäftsmodells. Ein Vorsteuergewinn im operativen Geschäft von 10 Milliarden Euro wäre eine neue beste Marke in der an Rekorden nicht gerade armen Geschichte der Deutschen Bank gewesen. Den bisherigen Höchstbetrag von 8,7 Milliarden Euro Gewinn vor Steuern hatte die Bank vor der Finanzkrise im Jahr 2007 erzielt. Ackermann erwartete hierbei zwei Drittel, das waren 6,4 Milliarden Euro, von der Sparte Corporate

Banking & Securities, die den Handel und das Investmentbanking umfasst. Vom Bereich Privat- und Geschäftskunden erwartete Ackermann ein Ergebnis von 1,6 Milliarden Euro. Die Vermögensverwaltung schließlich sollte rund 1 Milliarde Euro und der Zahlungsverkehrsbereich (Global Transaction Banking) ebenfalls 1 Milliarde Euro beisteuern.

Der Beginn des Jahres 2011 gestaltete sich durchaus positiv. Der Gewinn nach Steuern betrug im ersten Quartal 2,1 Milliarden Euro. Aber trotz der vereinbarten Erweiterung des EU-Rettungsschirms und der Einrichtung eines permanenten Krisenmechanismus ab 2013 bestand weiterhin Unsicherheit an den Kapitalmärkten. Dazu trug vor allem der hohe Finanzierungsbedarf von einigen Ländern der Eurozone wie Griechenland, Italien, Spanien und Portugal bei. Im Gewinn der Deutschen Bank spiegelte sich insbesondere die breite Basis der Erträge, Diversifizierung und die geographische Ausgewogenheit des Geschäftsmodells wider. Zu diesem Zeitpunkt war Ackermann noch überzeugt, das Gewinnziel für 2011 von 10 Milliarden Euro vor Steuern in den operativen Geschäftsbereichen zu erreichen.

Aber bereits im zweiten Quartal zeigte sich, dass die globalen Finanzmärkte auf die Schuldensituation in einigen europäischen Volkswirtschaften und die verlangsamte weltweite Konjunkturerholung mit größerer Volatilität und einem Rückzug aus risikoreichen Anlagen reagierten. Die Schuldenkrise in der Eurozone belastete im dritten Quartal die Wirtschaft stark. Zwangsläufig wurde das Ergebnis der Deutschen Bank von diesen Entwicklungen beeinträchtigt. Der Vorsteuergewinn belief sich auf 942 Millionen Euro nach Abschreibungen auf griechische Staatsanleihen. Aufgrund dieser Situation konnte Ackermann mit dem Ergebnis zufrieden sein:

> „In Anbetracht der überaus schwierigen Bedingungen, getrieben durch den sich verschlechternden makroökonomischen Ausblick sowie die Turbulenzen am Finanzmarkt, haben wir im dritten Quartal jedoch sehr solide Ergebnisse erwirtschaftet."
> *(Josef Ackermann, in: Forum 4/2011, S. 6)*

Josef Ackermann ist seit 1996 im Vorstand der Deutschen Bank tätig. 2002 übernimmt er das Amt des Sprechers des Vorstandes und Vorsitzenden des Group Executive Committee. 2006 wird er Vorsitzender des Vorstandes und beendet am 31. Mai 2012 nach sechzehn Jahren seine Tätigkeit bei der Deutschen Bank.

Mit der Sanierung der Deutsche-Bank-Türme in Frankfurt am Main ist bis zur Wiedereröffnung im Jahr 2011 eins der umweltfreundlichsten Hochhäuser der Welt entstanden. Die Zentrale der Deutschen Bank ist und bleibt Frankfurt am Main.

Clemens Börsig (Vorstand der Deutschen Bank von 2001 bis 2006 und Aufsichtsratsvorsitzender von 2006 bis 2012) und Vorstandsvorsitzender Josef Ackermann obliegt die Aufgabe, die Bank durch die Finanz- und Schuldenkrise zu führen.

Hilmar Kopper ist von 1977 bis 1997 Mitglied des Vorstandes und seit 1989 Sprecher des Vorstandes. Von 1997 bis 2002 ist er Aufsichtsratsvorsitzender. Im Mai 2002 wird Rolf-E. Breuer, der 1997 Kopper bereits als Sprecher des Vorstandes folgte, dessen Nachfolger im Aufsichtsrat, und Josef Ackermann übernimmt als Sprecher des Vorstandes die Verantwortung für die Deutsche Bank.

In 15 „Townhall Meetings“ tritt Josef Ackermann weltweit in Dialog mit den Mitarbeitern und stellt seine Strategie vor.

Mit der Nachahmung des Victory-Zeichens während des Mannesmann-Prozesses entsteht das Bild des Buhmanns Ackermann in der deutschen Öffentlichkeit.

Josef Ackermann und Rainer Neske sind sich einig über die Bedeutung des Geschäftsbereichs Private und Business Clients für die Deutsche Bank.

Josef Ackermann tritt im Mai 2002 die Nachfolge von Rolf-E. Breuer als Sprecher des Vorstandes der Deutschen Bank an.

Rainer Neske verantwortet weltweit das Geschäft mit den Privat- und Geschäftskunden.

Als Sprecher des Vorstandes holt Hilmar Kopper im Jahr 1996 Josef Ackermann in die Deutsche Bank.

Als Chief Operating Officer ist Hermann-Josef Lamberti weltweit für Personal, Informationstechnologie, Operations- und Prozessmanagement, Gebäude- und Flächenmanagement sowie Einkauf verantwortlich.

Als Head of the Corporate & Investment Bank verantwortet Anshu Jain die Bereiche Corporate Finance, Sales and Trading sowie Transaction Banking.

Stefan Krause kümmert sich als Chief Financial Officer um die Finanzen, Steuern, Corporate Insurance, Investor Relations und die Abteilung für Konzernentwicklung.

Als Chief Risk Officer ist Hugo Bänziger verantwortlich für Risikomanagement, Recht, Compliance, Corporate Governance, Unternehmenssicherheit und Treasury.

Jürgen Fitschen ist Head of Regional Management weltweit und CEO der Deutschen Bank für Deutschland.

Als Berater vieler Regierungen und Staatschefs weltweit trifft sich Josef Ackermann auch regelmäßig mit deutschen Entscheidungsträgern und führenden Politikern.

Der Bundeskanzlerin Angela Merkel steht Josef Ackermann
während der Finanz- und Staatsschuldenkrise mit Rat und Tat zur Seite.

Unter Anwesenheit der Staatschefs Hu Jintao und Horst Köhler unterzeichnen die Vorstandssprecher der chinesischen Hua Xia Bank und der Deutschen Bank, Lin Haiyan und Josef Ackermann, im Jahr 2005 ein langfristiges Kooperationsabkommen zwischen ihren Instituten.

Josef Ackermann ist ein gerngesehener Gast und Berater von Staats- und Regierungschefs weltweit, hier im Gespräch mit dem brasilianischen Präsidenten Luiz Inácio Lula da Silva im Jahr 2005.

Leistung aus Leidenschaft: So lautet das Motto der Deutschen Bank
und ihres Chefs während seiner 16-jährigen Tätigkeit in der Bank.

Die neue Führungsspitze mit Jürgen Fitschen, Paul Achleitner und Anshu Jain leitet ab Juni 2012 die Geschäfte der Deutschen Bank.

Seit seinem Amtsantritt als Vorstandssprecher in 2002 hat sich Josef Ackermann zu einem der wirkungsmächtigsten Banker seiner Zeit entwickelt.

Spätestens zu diesem Zeitpunkt war klar, dass das Jahresziel von 10 Milliarden Euro Gewinn im operativen Geschäft nicht mehr zu erreichen war.

In der Bilanzpressekonferenz vom 3. Februar 2012 im Hermann Josef Abs Saal, der endgültig letzten für Ackermann, konnte er trotz zahlreicher Risiken vor allem in den letzten beiden Quartalen des Jahres 2011 einen Gewinn von 5,4 Milliarden Euro vor Steuern verkünden. Das Ergebnis, das sich aus allen vier Geschäftsfeldern (Privatkundengeschäft, Zahlungsverkehrsmanagement, Vermögensverwaltung, Investmentbanking) zusammensetzte, verfehlte zwar deutlich die 10 Milliarden-Marke, konnte sich aber angesichts der Geschäftsverlaufs des Jahres 2011 und allen Unsicherheiten und Risiken durchaus sehen lassen. Denn es bedeutete einen Anstieg von 1,4 Milliarden Euro gegenüber dem Vorjahr.

Im klassischen Bankgeschäft erzielte die Bank einen Gewinn vor Steuern von 3,7 Milliarden Euro, erwartet wurden 3,6 Milliarden Euro.

Davon entfielen auf:

- Zahlungsverkehrsmanagement 1,1 Mrd. Euro
- Vermögensverwaltung 0,8 Mrd. Euro
- Privatkundengeschäft 1,8 Mrd. Euro

Das Investmentbanking erzielte immerhin noch 2,9 Milliarden Euro. Allerdings hatten Ackermann und Jain 6,4 Milliarden Euro erwartet.

> „Unser Investmentbanking ist für die Zukunft gut positioniert."
> *(Josef Ackermann auf der Jahrespressekonferenz am 02.02.2012, zitiert in: F.A.Z. vom 03.02.2012)*

Dennoch kam der Verlust im vierten Quartal 2011 in Höhe von 351 Millionen Euro aus dem Investmentbanking.

Das ausgeglichene Ergebnis zwischen Investmentbanking und klassischem Bankgeschäft symbolisiert vielleicht aber auch die zukünftige Struktur in der Deutschen Bank.

Eine bedeutende Rolle spielten natürlich die Restrisiken aus den Auflagen in den USA. Ackermann räumte ein, dass auch die Deutsche Bank in der Finanzkrise Fehler gemacht habe.

> „Auch wir haben Dinge gemacht, die man im Nachhinein kritischer sehen sollte."
> *(Josef Ackermann auf der Bilanzpressekonferenz am 02.02.2012, zitiert in: F.A.Z. vom 03.02.2012)*

Insgesamt beliefen sich die Abschreibungen im 4. Quartal 2011 auf 1,2 Milliarden Euro, darunter Abschreibungen auf das Kasino in Las Vegas und die BHF-Bank.

Der Aktienkurs der Deutschen Bank lag am 2. Februar 2012 bei 33,73. Die Bank belegte am 30. Januar 2012 nach Marktkapitalisierung Rang 32 unter den 100 größten Banken der Welt.

7 Asien, Lateinamerika und Afrika

Asien

Die Volkswirtschaften in Asien wachsen seit Jahren sehr schnell, die Kapitalmärkte boomen, und die Deutsche Bank, die in Asien eine über 140-jährige Tradition hat, sah gerade in den vergangenen Jahren hier eine zentrale Chance, den großen Wettbewerbsvorteil auszunutzen. Es ist daher verständlich, dass Asien in der Phase 4 der Managementagenda eine besondere Rolle zukam. Als eine der wenigen weltweit tätigen Investmentbanken hatte die Deutsche Bank nach der Asienkrise in den Jahren 1997 und 1998 am lokalen Börsenhandel teilgenommen und bereits zu dieser Zeit als bedeutender Anbieter von Liquidität eine wichtige Rolle bei der wirtschaftlichen Erholung der Region gespielt. Diese vielseitigen Aktivitäten hatten zum Aufbau enger Beziehungen mit den lokalen Aufsichtsbehörden und Finanzkreisen zum Erschließen zahlreicher neuer Märkte für festverzinsliche Anleihen sowie für Kredit- und Finanzderivate geführt.

Natürlich wusste Ackermann um die Bedeutung des asiatisch-pazifischen Raumes als zukünftigem bedeutenden Wirtschaftspartner. Und natürlich wusste er auch um die entscheidende Rolle, die China in dieser Region spielte und auch in Zukunft spielen würde. Längst haben die Unternehmen in China eigene Forschungsabteilungen und sind in vielen Bereichen mit ihren Erfindungen bereits heute Weltspitze. Das hat die Deutsche Bank frühzeitig erkannt und konsequent ihre Geschäftstätigkeit in Asien ausgebaut. Dabei war Ackermann und den Verantwortlichen für diese Region bewusst, dass im asiatisch-pazifischen Raum Geschäftsbeziehungen eine kulturelle, und gesellschaftspolitische Basis haben.

Ende 2003 organisierte die Deutsche Bank als erstes privatwirtschaftliches Unternehmen ein Sportprogramm für chinesische Jugendliche auf dem historischen Platz des Himmlischen Friedens. Das Programm war eine der bisher größten Sportinitiativen Chinas, das über einen Zeitraum von 15 Jahren dazu beitragen sollte, die körperliche Fitness und die Fußballfertigkeiten mehrerer Millionen junger Chinesen zu verbessern. Das hervorragende Abschneiden der chinesischen Nationalmannschaft bei der Weltmeisterschaft in Japan im Jahr 2002 beflügelte die Begeisterung für Fußball vor allem bei den Kindern und Jugendlichen in China. Die chinesische Regierung würdigte den finanziellen Beitrag der Deutschen Bank mit der Ausgabe eines Satzes Sonderbriefmarken. Auch hier war die Deutsche Bank das erste Unternehmen, dem diese Auszeichnung zuteil wurde.

China und die übrige asiatisch-pazifische Region blieben auch weiterhin im Blickfeld der Deutschen Bank.

Anfang November 2004 eröffnete die Deutsche Bank ihre Filiale in Peking. Hier war die Bank seit 1981 mit einer Repräsentanz vertreten. Im Anschluss an die feierliche Eröffnung lud Chinas Ministerpräsident Wen Jiabao Ackermann spontan zu einem Treffen in der Großen Halle des Volkes ein. Es war das dritte Mal seit seinem Amtsantritt, dass Ackermann und Wen Jiabao zusammenkamen. Der chinesische Ministerpräsident, der die Deutsche Bank gut kannte, lobte ihre Rolle bei der Umstrukturierung chinesischer Staatsunternehmen und bei der Emission chinesischer Staatsanleihen, die kurz zuvor ausgegeben worden waren. Darüber hinaus würdigte er auch den Beitrag der Deutschen Bank zur Entwicklung des chinesischen Finanzdienstleistungsmarktes. Ackermann hatte bereits die Bürgermeister von Peking und Shanghai beim Ausbau der Finanzdienstleistungsbranche beraten. Nun bot er an, die chinesischen Banken bei ihren Umstrukturierungen mit der Expertise und Erfahrung der Deutschen Bank zu unterstützen. Auch die Repräsentanzen in Guangzhou (1994) und Shanghai (1995) wurden bis Ende 2004 in Filialen umgewandelt. Als vierte Filiale wurde Ende 2009 Tianjin mit dem Schwerpunkt Transaction Banking eröffnet.

Im Jahre 2006 beteiligte sich die Deutsche Bank mit 9,9 Prozent an der chinesischen Hua Xia Bank. 2008 wurde die Beteiligung auf 13 Prozent, im Jahre 2009 auf 17,1 Prozent erhöht.

Ein weiteres bedeutendes Ereignis war der Börsengang der Industrial and Commercial Bank of China (ICBC) – der weltweit bis zu diesem Zeitpunkt größte dieser Art – gleichzeitig eine Transaktion, die verdeutlichte, wie die Deutsche Bank ihre Ressourcen für einen wichtigen Kunden mobilisierte. Für diese Transaktionen stellten Führungskräfte und Mitarbeiter aus allen Regionen Innovation, Fachwissen und außerordentliches Engagement unter Beweis, um dieses wegweisende Geschäft erfolgreich abzuschließen. Ackermanns Einschätzung dieser Transaktion war dementsprechend:

> „Unsere Geschäftsbeziehungen zur ICBC ist eng, weil wir die für unseren Kunden richtigen Leistungen erbracht haben – ein gutes Beispiel dafür, wie wir mit unserem Geschäftsmodell optimale Ergebnisse erzielen können. Transaktionen wie diese zeigen, dass wir kundenorientierter denn je sind. Hier müssen wir unablässig weiter arbeiten, weil wir in einem wettbewerbsintensiven Umfeld tätig sind, indem es entscheidend ist, sich von anderen Finanzdienstleistern abzuheben ... Unsere Bank ist ein großes, breit gefächertes Unternehmen mit sich ergänzenden Geschäftsbereichen, die wertvollen Nutzen für unsere Kunden schaffen können. Durch erfolgreiches Cross-selling können wir unser gesamtes Potenzial ausschöpfen."
> *(Josef Ackermann, in: Forum Dez./Jan. 2007, S. 3)*

Aber einen ihrer größten Erfolge in China feierte die Deutsche Bank am 2. Januar 2008. Die chinesische Bankenaufsichtsbehörde CBRC (China Banking Regulatory Commission) registrierte eine chinesische Tochtergesellschaft der Deutschen Bank AG als einheimisches Unternehmen. Mit der Deutschen Bank China Co. Ltd konnte die Deutsche Bank nun ihre Geschäftsaktivitäten in China erweitern und Dienstleistungen in der lokalen Währung Renminbi (RMB) anbieten. Für Lee Zhang, Chairman der Deutschen Bank in China, war dies ein klarer Ausdruck des Engagements und der Pläne der Deutschen Bank für die zukünftige Entwicklung des Chinageschäftes. Auch die Konkurrenzbanken, wie zum Beispiel JP Morgan und Citigroup, bauten in diesen Jahren ihr Chinageschäft erheblich aus.

Ende 2007 war die Deutsche Bank mit Produktinnovationen an 17 asiatischen Märkten tätig und hatte hier eine beeindruckende Erfolgsgeschichte aufzuweisen. Diese Strategie führte auch im schnell wachsenden indischen Markt zu deutlichen Erfolgen im Privatkundengeschäft. Auch hier zeigten sich die Vielfalt und die globale Ausrichtung der Deutschen Bank. Innerhalb kurzer Zeit hatte sie in Indien 100.000 neue Kundenverbindungen gewinnen können, wobei die Kundenzufriedenheit in Indien wie in allen anderen Ländern oberste Priorität hatte. Die Deutsche Bank in Indien konnte im Jahre 2010 ihr 30-jähriges Jubiläum feiern. Mit mehr als 7.000 Angestellten und 13 Filialen in Städten wie Mumbai, Neu-Delhi, Bangalore und Pune hatte sich das Indiengeschäft zu einem der größten und erfolgreichsten in der gesamten Region entwickelt. Das Indiengeschäft war stark im Transaction Banking, Global Markets und vor allem im Retailgeschäft mit vermögenden Kunden. Wie stark das Indiengeschäft war, zeigte sich in der Krise von 2007 bis 2009, als hier gute Gewinne erzielt wurden, was Auszeichnungen wie „Best Investment Bank“ belegen.

Die Deutsche Bank hatte in Asien die Lizenzen, die Infrastruktur und gleichzeitig die Beziehungen, um auf den asiatisch-pazifischen Märkten erfolgreich zu arbeiten. Ein Wachstum von rund 23 Prozent pro Jahr, eine Verdoppelung der Erträge von 2008 und Nettoerträge von 4 Milliarden Euro bis 2011 waren ein ehrgeiziges Ziel, das Ackermann ausgegeben hatte. Als eine der Top-Investmentbanken, als Nummer vier im GTB und Nummer fünf im Private Wealth Management (PWM) war Ackermann der Meinung, dass insbesondere im Aktienbereich, also bei Neuemissionen, Equity Capital Markets, Research und Sales & Trading, noch erhebliches Potential bestehe, um die Position der Deutschen Bank zu verbessern. Mehr als 16.000 Mitarbeiter beschäftigt die Deutsche Bank in der Region Asien/Pazifik. China und Indien, mit einer hohen Inlandsnachfrage von 2,5 Milliarden Menschen, Hongkong und Singapur mit ihren Frachthäfen und Finanzzentren, Malaysia, die Philippinen, Südkorea, Taiwan, Thailand und Vietnam als exportorientierte Länder, die vibrierenden Schwellenländer Pakistan und Sri Lanka sowie das ressourcenreiche Indonesien im Süden bieten ungeahnte Geschäftsmöglichkeiten, die von der Deutschen Bank genutzt werden wollten. Jürgen Fitschen, der in der Doppelspitze mit Anshu

Jain Ackermann im Mai 2012 nachfolgen wird und den asiatischen Raum wie kein anderer im Vorstand der Bank kennt, prophezeit dieser Region erhebliche Wachstums- und Ertragschancen für die Deutsche Bank. Seine Einschätzung war klar und deutlich:

> „Die Entwicklung in Asien steht für uns in den kommenden Jahren klar im Mittelpunkt. Gleichzeitig wollen wir als global agierendes Finanzinstitut aber auch die regionale Ausgewogenheit unserer Strategie sicherstellen. Geschäftschancen gibt es in allen Regionen, und wir werden auch künftig strategisch dort Kapital und Ressourcen einsetzen, wo mittel- und langfristig das größte Potenzial besteht. Mit dieser Strategie ist die Bank erfolgreich gewesen und wird dies auch in Zukunft sein."
> *(Jürgen Fitschen, in: Forum 1/2010, S. 3)*

Bei einigen Produkten aus dem Bereich Investmentbanking, vor allem in den Sparten Devisen, Zinsgeschäft, Neuemissionen und Handel, war die Deutsche Bank Anfang 2010 bereits klar die Nummer eins oder zwei in der Region. In anderen Geschäftsbereichen, wie zum Beispiel im Aktienbereich, also bei Neuemissionen, Equity Capital Markets, Research und Sales and Trading hatte die Bank noch Potential. Im Private Wealth Management war sogar eine Verdoppelung des Umfanges dieses Geschäftsbereiches durchaus möglich. Die Deutsche Bank war in allen wichtigen Geschäftsfeldern in Asien vertreten und fest etabliert. Gerade in den Jahren 2009 und 2010 wurden zudem wichtige operative Einheiten eingerichtet, die für die Bank weltweit arbeiten, zum Beispiel in Indien und auf den Philippinen. In diesen Ländern war insbesondere der Bereich Global Markets äußerst erfolgreich. Diese Sparte war zu diesem Zeitpunkt mit Abstand der größte Bereich der Deutschen Bank in Asien, die Erträge waren dort in den vergangenen vier Jahren, also von 2006 bis 2010, um mehr als 70 Prozent gestiegen. Die Breite des Angebots und die Verankerung in der Region verschafften der Deutschen Bank einen Wettbewerbsvorsprung vor den meisten Konkurrenten.

Lateinamerika

Anfang 2011 wurde Lateinamerika die achte Region innerhalb der Deutsche-Bank-Organisation. Lateinamerika war für die Deutsche Bank immer schon eine große Herausforderung. Erinnert sei nur an die lange Tradition der Banco Alemán, die in den achtziger Jahren des 19. Jahrhunderts bis in die achtziger Jahre des 20. Jahrhunderts die Geschäfte der Deutschen Bank in Südamerika wahrnahm. Trotz der Abschwächung der US-Konjunktur und des wirtschaftlichen Kollapses Argentiniens konnte der Bereich Global Trade Finance (GTF) der Deutschen Bank in der Region erhebliche Zuwächse erzielen. GTF bot maßgeschneiderte Trade-Flow-Produkte, chlorierte Exportfinanzierungen und andere Finanzierungen entlang der Handels- und Wertschöpfungskette der Kunden an. Doch das Geschäft in Lateinamerika gestaltete sich Ende des 20. Jahrhunderts und zu Beginn des 21. Jahrhunderts äußerst schwierig. Als die Deutsche Bank zum Beispiel im Jahre 2000 die Geschäftstätigkeit in Mexiko aufnahm, hatte sie große Pläne, die aber durch die Schuldenkrise und die nachfolgende Rezession in Argentinien eingeschränkt wurden. Die Deutsche Bank war gezwungen, eigene Wege zu gehen und innovative Produkte zu kreieren sowie den Fokus auf die großen Unternehmen zu legen. Im Juni 2003 zum Beispiel machte die Deutsche Bank mit der Finanzierung von 45 Zügen für die U-Bahn in Mexiko-City Schlagzeilen. Mit einem Projektwert von mehr als 550 Millionen US-Dollar war die Finanzierung das größte von einer staatlichen Export Credit Agency gedeckte Finanzierungsgeschäft in Mexiko seit 1999.

In Brasilien war das Geschäft Anfang des 21. Jahrhunderts noch äußerst volatil, hatte aber viel Potential, besonders weil die Exporte Brasiliens rasch zunahmen. Vor allem China erhöhte seine Importe aus Brasilien zu dieser Zeit um mehr als 30 Prozent, was zu einem deutlichen Anstieg bei den durch die Deutsche Bank bestätigten Akkreditiven führte. China war bereits 2004 der zweitgrößte Markt für brasilianische Waren. Zur gleichen Zeit konzentrierte sich Brasilien auf den Handel mit Indien und Russland. Den Großteil der brasilianischen Handelsströme generierten die 50 größten Unternehmen des Landes, die zusammen 35 Prozent des Handelsgeschäfts abdeckten. Es war klar, dass hier die Deutsche Bank ein großes Geschäftspotential sah.

In Buenos Aires wickelte die Deutsche Bank im Jahr 2003 insgesamt 42.000 Handelstransaktionen mit einem Volumen von 4,475 Milliarden US-Dollar ab, und das war eine Steigerung gegenüber dem Vorjahr von 20 Prozent. Nach der großen Krise in Argentinien hatten die Weltbank und der Internationale Währungsfonds erhebliche Kredite zur Verfügung gestellt, um das Interesse der Investoren zu beleben.

Aber nicht nur die Geschäfte in Mexiko, Brasilien und Argentinien wurden immer attraktiver und profitabler, Global Trade Finance (GTF) konnte auch wichtige Abschlüsse in den Andenstaaten wie Ecuador, Kolumbien und Venezuela sowie in Zentralamerika und der Dominikanischen Republik tätigen.

Trotz einer gewissen Unberechenbarkeit der Schwellenmärkte, wo Befürchtungen vor politischer und wirtschaftlicher Instabilität begründet sind, führte die Deutsche Bank ihre Geschäfte weiter. Die Deutsche Bank schätzte die Aussichten für die lateinamerikanischen Länder Ende 2006 positiv ein. Vor allem das wachsende Global-Markets-Geschäft in Lateinamerika gestaltete sich sehr erfolgreich, wie das Jahr 2006 bewies. Allein im Januar dieses Jahres begab Global Markets fünf viel beachtete Emissionen und konnte in den ersten drei Monaten dieses Jahres das bisher erfolgreichste Quartal auf den lateinamerikanischen Zinsmärkten verbuchen. Zu diesem Zeitpunkt war Global Markets Nummer zwei in den Ranglisten der lateinamerikanischen Fremdkapitalmärkte sowie auf dem lokalen Devisenmarkt. Das Wachstum der Region basierte seit 2005 auf besseren wirtschaftlichen Rahmenbedingungen und weitsichtigen politischen Entscheidungen. Von vielen Wirtschaftsexperten wurde die Erfolgsgeschichte Lateinamerikas genauso hoch und interessant eingeschätzt wie die der aufstrebenden Länder Asiens.

2008 wurde das Latin American Advisory Board gegründet, um das Senior Management in marktspezifischen und strategischen Fragestellungen zu beraten, wichtige Kundenbeziehungen auf- und auszubauen. Themen dieses Advisory Boards sind unter anderem die Weiterentwicklung des Geschäfts sowie die Identifikation von Wachstums-, wirtschaftlichen, politischen und gesellschaftlichen Trends. In diesem Board sind ehemalige Mandatsträger und Wirtschaftsexperten sowie amtierende und ehemalige externe Führungskräfte aus unterschiedlichen Bereichen.

Zwar hatte der lateinamerikanische Markt zu diesem Zeitpunkt noch lange nicht die Qualität des chinesischen Marktes. Das Wirtschaftswachstum der größten lateinamerikanischen Volkswirtschaften, das bei 5 Prozent lag, konnte bei weitem nicht mit dem durchschnittlichen Wachstum von 10 Prozent in China mithalten, war aber durchaus mit dem Durchschnitt der asiatischen Schwellenländer vergleichbar. Hier lag das Wachstum ebenfalls bei 5 Prozent. Aber es zeichnete sich eine kraftvolle Entwicklung in einer Reihe von lateinamerikanischen Ländern ab, die natürlich dann auch in den Fokus der Deutschen Bank rückten. 2011 war die Deutsche Bank in Argentinien, Brasilien, Chile, Mexiko und Peru vertreten und setzt auf das Wachstum dieser Region.

Zu Beginn des Jahres 2011 besuchte Ackermann die Niederlassungen der Bank in Argentinien, Brasilien und Chile, wo er Mitarbeiter, Wirtschaftsführer und Staatsoberhäupter der jeweiligen Länder traf. Er unterstrich die zentrale Bedeutung Lateinamerikas für die strategischen Ziele der Bank und hob die außerordentlichen Wachstumschancen in dieser Region hervor:

> „Kunden haben uns gesagt, dass sie jetzt mit uns zusammenarbeiten wollen, während sie das noch vor wenigen Jahren nicht einmal in Betracht gezogen hätten. Dies ist das größte Kompliment, das wir erhalten können, und dieser Wandel spiegelt sich in den Ranglisten wider."
> *(Josef Ackermann, in: Forum 2/2011, S. 17)*

Afrika

Afrika hat Zukunft. Das hat Ackermann auch zuletzt in seiner Hauptversammlungsrede im Mai 2011 nochmals mit Nachdruck betont. Die südlich der Sahara gelegenen Teile Afrikas stoßen immer mehr auf internationales Interesse. Auch die Deutsche Bank richtet ihr Augenmerk zunehmend auf den fast vergessenen Kontinent. Das Bild Afrikas ist in einer breiten Öffentlichkeit im Wesentlichen durch Armut und Bürgerkriege geprägt. Das derzeitige in Afrika stattfindende rasante Wachstum wird nur von wenigen auf diesen Kontinent spezialisierten Unternehmen und Finanzdienstleistern wahrgenommen. Das wirtschaftliche Wachstum der Subsahara-Region lag im Durchschnitt der Jahre 2004 bis 2006 bei 5 bis 6 Prozent, und die Emerging-Markets-Researchgruppe der Deutschen Bank prognostizierte eine weitere Wachstumssteigerung auf 7 Prozent im Jahr 2007, die sich in den nachfolgenden Jahren weiter erhöhen sollte.

Vor allem der Reichtum vieler Länder der Region an Öl und anderen Rohstoffen führte dazu, dass ausländische Direktinvestitionen in Rekordhöhe getätigt wurden. Aber auch das politische und geschäftliche Umfeld verbesserte sich in den vergangenen Jahren in Afrika erheblich. Vor allem multilaterale Institutionen wie die Weltbank und der Pariser Club – ein internationales Gremium, das sich mit dem Thema Umschuldung beschäftigt – haben dazu beigetragen, dass die für ihren Schuldenerlass dringend benötigten finanziellen Mittel für Investitionen in Gesundheit, Bildung und Infrastruktur flossen und so der Druck auf die Leistungsbilanz verringert wurde.

Der Einsatz, die Präsenz der Deutschen Bank in der Region Afrika ist zwar geographisch gesehen begrenzt, aber dafür sehr fokussiert. Deshalb, betonte Ackermann, sei es wichtig, die verschiedenen Aktivitäten der Deutschen Bank in dieser Region zu verstehen: In Südafrika ist die Deutsche Bank Marktführer dank einer breiten Palette an Global-Markets- und Corporate-Finance-Produkten, in Nigeria dient die Repräsentanz der Deutschen Bank als Kompetenzzentrum für das Geschäft von Global Transaction Banking (GTB) in Westafrika, und in Mauritius übernimmt die Deutsche Bank insbesondere die Funktion eines Offshore Service Center für Private Wealth Management (PWM).

Die im Jahre 2003 gegründete Deutsche Bank Africa Foundation (DBA Foundation) mit einem Stiftungskapital von 15 Millionen US-Dollar engagiert sich insbesondere in Projekten, die zur Unterstützung der gesellschaftlichen Entwicklung beitragen.

Darüber hinaus fördert die Deutsche Bank in ihrem Corporate-Partnership-Programm, einem globalen Freiwilligenprogramm, Aktivitäten, die in unterschiedlichen Situationen Menschen helfen können. So zum Beispiel engagiert sich die Bank über junge Mitarbeiter in einem IT-Projekt in Äthiopien, wo bei der Microfinance-Organisation PEACE (Poverty Eradication and Community Empowerment) ein Management-Informationssystem für Finanzdienstleistungen und Risikomanagement weiterentwickelt sowie neue Kommunikationskanäle im Internet aufgebaut werden.

V Statesman Banker

In Deutschland verkannt ...

Josef Ackermann hat in seiner zehnjährigen Tätigkeit als Chef der Deutschen Bank nicht nur das Institut zu einer der größten und bedeutendsten Investmentbanken der Welt umgebaut und vorangetrieben, sondern er hat darüber hinaus als Präsident des Institute of International Finance (IIF) und Berater der deutschen Regierung, aber auch zahlreicher ausländischer Staatsmänner, eine herausragende Position innerhalb des globalen Finanzwesens erreicht. Ackermann wurde nicht zuletzt durch die Ereignisse und zum großen Teil negative Berichterstattung während des Mannesmann-Prozesses einer breiten Öffentlichkeit bekannt. Dies lag insbesondere an dem starken Medieninteresse an der Person Ackermann. Jeder Satz, jede Redewendung oder Gestik wurden fortan besonders wahrgenommen, analysiert und interpretiert, und das sicherlich nicht immer richtig.

Ackermann musste in dieser schwierigen Zeit erkennen und akzeptieren, dass in Deutschland Werte anders definiert werden als in der Schweiz oder den angelsächsischen Ländern. Das Wertesystem der Deutschen basiert auf ihrer Erfahrung mit der Vergangenheit, einem gebrochenen Nationalstolz und einer Sehnsucht nach einer heilen Welt. Erfolg und Leistung eines Einzelnen werden kritisch beäugt. So blieb Ackermann die Erfahrung nicht erspart, wie schnell gerade ein Banker zum Buhmann der Nation abgestempelt werden kann. Die vielseitigen Belastungen, denen er die ersten vier Jahre seiner Amtszeit ausgesetzt war, haben jedoch seine Persönlichkeit gestärkt und sein politisches Verantwortungsbewusstsein gefestigt. Ackermann lernt schnell, aber vor allem setzt er Erkenntnisse und Erfahrungen rasch in die Tat um. Nicht zuletzt deswegen hat er konsequent an der Strategie der Managementagenda festgehalten.

Ackermann zeigte diese gewonnene Stärke vor allem in der Übernahme globaler öffentlicher Verantwortung in den Krisenjahren 2008 bis

2012. Seine frühen Äußerungen zur Finanz- und Staatsschuldenkrise, seine Mahnungen, die realistische Einschätzung der Weltwirtschaft, die er in eine tiefe Rezession stürzen sah, deren Folgen bis heute noch in der Überschuldungskrise zu sehen sind, zeugen von einer klaren und realistischen Einschätzung der Situation. Seine Lösungsvorschläge wurden zumeist ignoriert. Aber er war weltweit sicherlich einer der wenigen Banker, die ungeschminkt die Krise analysierten und Lösungsvorschläge erarbeiteten. Diese ständige internationale Präsenz mit unangenehmen Analysen und nachhaltigen Lösungsvorschlägen erforderte Stärke, zumal nicht nur seine Kollegen in anderen Banken, sondern auch viele Politiker ihn mit Kritik überhäuften.

Bereits in der Bewältigung der Bankenstrukturkrise 2002 und Anfang 2003 nahm er seine Verantwortung wahr. Bei einem Gespräch im Kanzleramt Ende Februar 2003 mit Gerhard Schröder, an dem die wichtigsten Vertreter der deutschen Finanzbranche teilnahmen, lehnte Ackermann klar die Idee einer „Bad Bank" ab, deren wesentliche Aufgabe es sein sollte, die faulen Kredite der Branche zu übernehmen. Bundeskanzler Schröder warf den Banken vor, sie zögerten, vor allem mittelständischen Unternehmen Kredite zu gewähren. Insbesondere Bundeswirtschaftsminister Wolfgang Clement ermahnte die Banken, ihre Zurückhaltung aufzugeben, ihre Bilanzen in Ordnung zu bringen und vor allem die Rückstellungen für faule Kredite mit einer Rekordmarke von 3,8 Milliarden Euro abzubauen.

Ackermann ging davon aus, dass Deutschland seit den achtziger Jahren das Schlusslicht der Europäischen Wachstumsliga bilde, und er stellte gleichzeitig fest, dass dieser Negativtrend keineswegs allein durch die Lasten der Wiedervereinigung zu erklären sei. Deutschland werde schon lange nicht mehr im Ausland als das Land des Wirtschaftswunders wahrgenommen. Überfällige Reformen, so analysierte Ackermann, würden nur innerhalb bestehender Strukturen versucht, anstatt Lösungen außerhalb dieser Systeme zu suchen. Hierbei erinnerte er an einen Satz seines Schweizer Landmanns Max Frisch:

> „Krise kann ein produktiver Zustand sein, man muss ihr nur den Beigeschmack der Katastrophe nehmen."

Gerade die Finanzkrise und die Staatsschuldenkrise warfen in voller Wucht die Frage nach Steuerung auf. In den Krisen hat sich gezeigt, dass die Allmacht der Ökonomie ohne politische Dimension null und nichtig ist.

Gibt es in der Moderne mit ihrer funktionierenden Differenzierung keine Zentren der Steuerung mehr, wie Max Horkheimer, Theodor W. Adorno und Niklas Luhman übereinstimmend feststellten? Ist die Ökonomie lediglich ein Subsystem der Gesellschaft, da auch andere Subsysteme neben der Wirtschaft existieren? Gibt es in der Moderne kein übergreifendes Supersystem, das die funktionale Differenzierung aufhebt? Das heißt konkret: Es gibt keine Instanz der Welt, die den Lauf der Welt erfolgreich steuern kann, auch wenn die Menschen von einer universalen Steuerung träumen? Die Krisen der vergangenen Jahre und die Lösungsansätze haben allen deutlich vor Augen geführt, dass Steuerung auf der Vielfalt von Maßnahmen aufbaut, auf dem Zusammenwirken zahlreicher politischer, ökonomischer und vor allem kultureller Kräfte. Steuerung bedarf der Vielfalt und insbesondere einer Kultur. Ackermann und seine Nachfolger werden speziell über den kulturellen Aspekt von Steuerung nachdenken müssen, ebenso wie die Politiker und die Kulturmanager. 25 Prozent plus kann, muss aber nicht Ziel sein.

Neben Reformen mahnte Ackermann Anfang 2003 Verlässlichkeit und Berechenbarkeit der Politik an, die möglicherweise durch eine Bündelung der Wahltermine zu befördern sei.

Der klassische Nationalstaat war längst an seine Grenzen gestoßen, und Entscheidungen für die Zukunft hingen nicht mehr von Entscheidungen einzelner Nationen ab, sondern wurden mehr und mehr von globalen Ereignissen geprägt:

> „Naturkatastrophen, Terrorismus, ökonomische Krisen und weltweite Fluchtbewegungen bergen Herausforderungen, denen nationale Regierungen und Gesellschaften häufig nicht mehr alleine begegnen können."
> *(Josef Ackermann, in: Forum Aug./Sept. 2004, S. 8)*

So formulierte Ackermann in seiner Eröffnungsrede beim zwölften Jahreskolloquium der Alfred Herrhausen Gesellschaft für internationalen Dialog (AHG) im Jahre 2004 seine Sichtweise für die globalen Probleme der Zukunft. Weiter stellte er fest, dass wirtschaftlicher Erfolg, etwa in Europa, immer mehr von der Wirtschaftspolitik abhänge, die in anderen Teilen der Welt, beispielsweise in Asien und besonders in China, verfolgt werde. Langfristig könne dieser Erfolg nur garantiert werden, wenn man weltweit die Unterschiede zwischen Gemeinschaften mit verschiedenen kulturellen und religiösen Wertvorstellungen überwinde.

Ackermann forderte in diesem Zusammenhang neue Formen der Zusammenarbeit zwischen großen Unternehmen, Staaten und Nichtregierungsorganisationen. Er nannte diese Form der Zusammenarbeit „Verantwortungspartnerschaften auf Zeit". Diese klare Aussage resultierte aus der Erkenntnis, dass die Deutsche Bank in der globalisierten Welt eine global führende Position nur dann erreichen und halten könne, wenn die Bank im international verschärften Wettbewerb weiter wachse. Lokale Präsenz und globale Aufstellung wären nur in einem friedlichen Umfeld möglich.

Obwohl 2005/2006 die Stimmung aufgrund der kräftig wachsenden Weltwirtschaft positiv war, bezeichnete Ackermann auf der Jahrestagung des Institute of International Finance (IIF) in seiner Funktion als Chairman den hohen Ölpreis und geopolitische Risiken als wichtigste Herausforderungen für die Weltwirtschaft und das weltweite Finanzsystem.

Er forderte daher weitere Strukturreformen in den Industrie- und Schwellenländern, vor allem mahnte er, in den asiatischen, südamerikanischen und afrikanischen Ländern Rechtssicherheit für unternehmerische Aktivitäten an, um gesicherte Investitionen tätigen zu können. Darüber hinaus geißelte er die in vielen Ländern praktizierte Korruption. Er hielt Korruption nicht nur ethisch und moralisch für falsch, sondern macht immer wieder klar, dass korruptes Verhalten den Aufstieg zu einer erfolgreichen Demokratie und Wirtschaft verhindert. Auch hier zeigt sich wieder das Verhältnis von Ethik/Moral und Nutzen. Auch der ehemalige Außenminister der USA, Henry Kissinger, forderte weitere Strukturmaßnahmen trotz steigender Kapitalzuflüsse in den Schwellenländern. Hierfür seien vor allem die politischen Maßnahmen der Regierungen vieler Staaten und eine ausreichende globale Liquidität verantwortlich. Insgesamt aber blieben Bedingungen an den weltweiten Kapitalmärkten schwierig.

Fast den gesamten Februar 2006 reiste Ackermann durch drei Geschäftsregionen der Deutschen Bank. Die Reise führte ihn von Delhi über Bangalore und Mumbai nach Seoul und Tokio, von dort nach Bogotá, Mexiko City und New York. Auf dieser Reise traf er Mitarbeiter, Kunden und politische Entscheidungsträger. Ackermann betonte die Entschlossenheit der Bank, ihre Geschäftsaktivitäten in diesen Regionen kontinuierlich weiter auszubauen:

> „Asien, Japan und Lateinamerika sind Wachstumsregionen und daher von erheblicher Bedeutung für das Geschäft der Deutschen Bank.“
> *(Josef Ackermann, in: Forum in April/Mai 2006, S. 18)*

In Indien traf er den indischen Finanzminister Palaniappan Chidambaram. Mit ihm besprach er Möglichkeiten der Kooperation zwischen der Deutschen Bank und dem indischen Staat. Beide betonten, dass die Deutsche Bank vor allem in der IT-Hochburg Bangalore und in Mumbai zur Entwicklung dieser Regionen beigetragen habe. In Mumbai besuchte er zudem die erste PBC-Filiale, die im Oktober 2005 dort als Flaggschiff der Deutschen Bank in Indien eröffnet worden war.

Während des anschließenden dreitägigen Aufenthalts in Seoul traf Ackermann den koreanischen Präsidenten Roh Moo-Hyun und bedankte sich bei ihm und seiner Regierung für das Tempo, mit dem das Land die 1998 angekündigten Reformen im Finanz- und Unternehmenssektor umgesetzt habe. Der koreanische Ministerpräsident lobte die Deutsche Bank für ihre positive Hilfe während der Finanzkrise in Korea im Jahre 1997. Er betonte:

> „Als uns die meisten Finanzinstitute Kredite verweigerten und sich aus dem Land zurückzogen, stand die Deutsche Bank Korea bei und lieh Geld. Dies war eine unschätzbare Hilfe bei unseren Bemühungen, die Krise zu überwinden."
> *(Roh Moo-Hyun, in: Forum April/Mai 2006, S. 18)*

In Bogotá traf Ackermann sich mit dem kolumbianischen Präsidenten Alvaro Uribe Vélez und dem Finanzminister Alberto Carrasquilla Barrera. In Mexiko City nahm er an der Eröffnung der Urban Age Conference teil und betonte hier die Bedeutung einer pulsierenden urbanen Landschaft für zukünftiges Wirtschaftswachstum:

> „In unseren Städten wird sich entscheiden, wie wir in den kommenden Jahrzehnten leben werden. Nur in erfolgreichen Städten können wir erfolgreich sein. Deshalb hat das Engagement der Bank für die urbane Kultur eine lange Tradition. Als ein Unternehmen, das gesellschaftliche Verantwortung übernimmt, unterstützen wir in zahlreichen Metropolen kulturelle, künstlerische, politische und soziale Projekte."
> *(Josef Ackermann, in: Forum April/Mai 2006, S. 19)*

Der mexikanische Präsident Vicente Fox, Stadtplaner aus der Region und der ganzen Welt stimmten Ackermann zu und betonten, dass über 50 Prozent aller Menschen in Städten lebten, so dass letztlich hier die politischen, ökonomischen, sozialen und kulturellen Entscheidungen fallen würden.

In den erfolgreichsten Jahren von 2005 bis 2007 war Ackermann in allen Regionen der Welt unterwegs – für die Deutsche Bank, aber auch um für die Festigung der globalen Finanzstrukturen zu werben. Im Februar 2007 besuchte Ackermann Thailand, Vietnam, Singapur, Australien, Indonesien und Japan. Er traf sich mit Ministerpräsidenten, Vizepräsidenten und Finanzministern, führenden Regierungsvertretern und zahlreichen Unternehmern, mit denen die Deutsche Bank in der pazifisch-asiatischen Region Geschäfte tätigte. Diese Reise aber galt nicht allein wirtschaftlichen Aspekten. In den vom Tsunami betroffenen Ländern wie Thailand und Indonesien sprachen führende Regierungsmitglieder ihre besondere

Wertschätzung für den Beitrag der Deutschen Bank im Rahmen von Wiederaufbau- und Hilfsprojekten aus.

Im Sommer 2007 traf Ackermann den brasilianischen Präsidenten Luiz Inácio Lula da Silva und besuchte anschließend Chile und Mexiko, wo er mit den chilenischen und mexikanischen Staatspräsidenten Michelle Bachelet und Felipe Calderón sowie zahlreichen Regierungsvertretern und Unternehmern zusammentraf. Hier betonte er, dass Lateinamerika zunehmend wichtiger für die Deutsche Bank werde und dass er fest entschlossen sei, die Ressourcen der Deutschen Bank in der Region auszubauen. Unter anderem gab er die Eröffnung einer Niederlassung in Peru bekannt. Zu diesem Zeitpunkt war die Deutsche Bank bereits in Argentinien, Brasilien, Mexiko und Chile vertreten.

Als die Krise im Sommer 2007 ausbrach, konnte Ackermann auf ein globales Netz von Persönlichkeiten in Regierungen, den Zentralbanken, Regulierungs- und Aufsichtsbehörden sowie Unternehmen zurückgreifen. Durch die Erfolge in den vorausgehenden Jahren war Ackermann zudem zu einem der anerkanntesten Banker weltweit aufgestiegen. Die Kenntnis aller Regionen, in denen die Deutsche Bank Geschäfte tätigte, aber auch die Beobachtungen der Menschen, ihrer Kulturen und Religionen, ihrer Lebensweise, ihrer politischen und ökonomischen Ansichten halfen ihm, diesen Ländern mit Rat und Tat zur Seite zu stehen.

Es war daher nicht verwunderlich, dass er in den Krisen von 2007 bis 2008 und 2010 bis 2012 zu einem der begehrtesten Berater in der Politik, aber auch in der Finanzwelt wurde. Für die Deutsche Bank und für sich selbst hat er einen klaren und konsequenten Weg beschritten, der im Mai 2002 begann, als er Vorstandssprecher und Vorsitzender des Executive Committee wurde. 2006 wurde er der erste Vorstandsvorsitzende der Bank. Dabei war für ihn entscheidend, dass die Bank ihr Geschäftsmodell selbst bestimmt und dass sie gegenüber den Investoren, den Kunden und den Mitarbeitern ein Wertesystem mit hoher Verantwortung vertritt, das ohne staatliche Hilfe auskommt, und dies aus der Überzeugung heraus, dass eine tiefe ordnungspolitische Grundlage die Geschäftstätigkeit der Bank prägen muss.

> „Es ist wichtig für unsere Kunden, dass diese Bank ihr Geschäftsmodell selbst bestimmt."
> *(Josef Ackermann, in: Die Welt vom 06.02.2009)*

Ackermann war immer von seiner strategischen Ausrichtung überzeugt, trotz der Höhen und Tiefen, die das globale Bankwesen durchlief, auch der Deutschen Bank 2008 schwere Verluste zufügte und die Prognose für 2009 dämpfte. Er glaubte auch weiterhin an die freien Kräfte des Marktes. An dieser inneren Überzeugung hielt er trotz des teilweisen Einflusses des Staates auf das Bankwesen in der Krise fest.

Im März 2008, als das Ausmaß der Krise sich bereits deutlich abzeichnete, plädierte Ackermann in einer Rede an der London School of Economics für die Bildung eines Expertengremiums aus „erfahrenen Frauen und Männern", das die Märkte beobachten und rechtzeitig warnende Signale senden könne. Bereits hier zeigte Ackermann, dass er bereit war, internationale Verantwortung zu übernehmen und aktiv an Vorschlägen zur Lösung der Hypothekenkrise mitzuarbeiten. In seiner Eigenschaft als IIF-Chairman, eine Vereinigung, der weltweit mehr als 400 Finanzinstitute angehören, präsentierte er am 9. April 2008 in Frankfurt am Main Empfehlungen, wie künftig internationale Finanzkrisen vermieden werden können. Im Bericht wurden die wichtigsten Ursachen der Subprime-Krise genannt und Verhaltensregeln in Form von Best-Practice- und Selbstregulierungsmaßnahmen vorgestellt. Wichtigstes Ziel hierbei war, das Vertrauen der Menschen in das Bankensystem wiederzugewinnen:

> „Die führenden Vertreter unserer Branche bekennen sich zu ihrer Verantwortung in der aktuellen Finanzkrise."
> *(Josef Ackermann, in: Forum 2/2008, S. 15)*

Voreilige regulatorische Maßnahmen lehnte er ab, da sie kontraproduktiv seien. Ackermann hat immer wieder betont, dass die

Banken ein solides Risikomanagement, hohe Liquidität, eine stabile breite Finanzierungsbasis sowie ein diversifiziertes Geschäftsmodell vorhalten müssen, nicht nur um die Krise zu überstehen, sondern um auch in Zukunft derartige Krisen zu vermeiden.

Bereits Bundeskanzler Gerhard Schröder und sein Finanzminister Peer Steinbrück suchten den Rat von Ackermann. Vor allem aber Bundeskanzlerin Angela Merkel und Wolfgang Schäuble banden Ackermann in die Lösung der Finanzkrise 2008 und der Staatsschuldenkrise, die 2010 begann, ein. Anfang Oktober 2008 verhandelte er mit der Bundeskanzlerin die Rettung der Immobilienbank Hypo Real Estate. Ein Kollaps der Hypo Real Estate hätte den deutschen Finanzmarkt in erhebliche Schwierigkeiten gebracht. Ackermann sagte 12 Milliarden Euro an Liquiditätshilfen zu. Es war ein wesentlicher Beitrag zur Rettung des deutschen Finanzplatzes. Gleichzeitig war er an der Gestaltung des 500 Milliarden Euro schweren Rettungspakets für die deutsche Finanzbranche beteiligt.

Die Pleite des weltweit tätigen Bankhauses Lehman Brothers im September 2008 hatte nicht nur die Finanzwelt geschockt, sondern auch in der Politik zu heftigen Reaktionen und Aktivitäten geführt. Obwohl Ackermann selbst Staatshilfen für Banken kritisch gegenüberstand, befürwortete er Beteiligungen der Regierung an Banken, wenn dies die einzige Möglichkeit sei, diese Banken zu retten.

> „Es darf jedenfalls nicht dazu kommen, dass aus falschem Prestigedenken hilfsbedürftige Banken die von der Regierung angebotene Hilfe nicht in Anspruch nehmen. Wer nicht über ausreichend Kapital verfügt, sollte es sich auf dem freien Markt oder beim Staat besorgen."
> *(Josef Ackermann, in: Bild am Sonntag vom 19.10.2008)*

Ackermann war allerdings der Ansicht, dass die Deutsche Bank kein Kapital vom Staat benötige. Eine vor den Führungskräften der Deutschen Bank gehaltenen Rede allerdings sorgte für erhebliche Unruhe sowohl in der Politik als auch bei den Banken selbst. Hier hatte Ackermann gesagt:

> „Es wäre eine Schande, wenn wir einräumen müssten, dass wir Geld vom Steuerzahler brauchen."
> *(Josef Ackermann, in: Spiegel online vom 18.10.2008)*

Die Wogen schlugen sowohl bei Politikern als auch in der Bankenbranche hoch. Seine Bankerkollegen warfen ihm unsolidarisches Verhalten vor und die Politiker geißelten seine Hybris. Ein Regierungssprecher nannte die Äußerung „bedenklich, unverständlich und inakzeptabel". Dabei hatte Ackermann zu keinem Zeitpunkt Staatshilfe generell oder die aufgelegten Regierungsprogramme abgelehnt.

Am 13. Januar 2009 betonte er ausdrücklich:

> „Ohne Regierungsprogramme hätten wir die Bankenkrise nicht meistern können."
> *(Josef Ackermann, in: Frankfurter Rundschau vom 15.01.2009)*

Natürlich wusste Ackermann, dass viele Banken ohne staatliche Hilfe nicht zu retten gewesen wären, aber für sein Haus lehnte er konsequent jegliche Staatshilfe ab.

Am 15. Oktober 2008 gab Ackermann in einem Interview mit Bild am Sonntag, das vier Tage später erschien, bekannt, dass er und seine Kollegen aus dem Executive Committee in diesem Jahr auf ihren Gehaltsbonus verzichten werden.

> „Ich habe dem Aufsichtsrat der Deutschen Bank mitgeteilt, dass ich in diesem schwierigen Jahr auf meinen Bonus verzichte – zugunsten verdienter Mitarbeiter, die das Geld nötiger haben als ich."
> *(Josef Ackermann, in: Bild am Sonntag vom 19.10.2008)*

Diese Mitteilung löste eine heftige Diskussion aus, die bis in den Bundestag reichte. Bei der Debatte um die Verabschiedung des 500-Milliarden-Rettungspakets bezeichnete SPD-Fraktionschef Peter Struck Ackermanns Ankündigung als einen „peinlichen Vorgang und reine Schauveranstaltung". Ackermann wolle wohl mit diesem „Ablasshandel" seine Sünden begleichen. Dagegen lobte

Michael Glos (CSU), es sei ein erfreuliches Zeichen, wenn Bonuszahlungen jetzt nicht in die eigene Tasche gesteckt würden.

Ackermann hält nichts davon, eine Reichensteuer einzuführen, da hierdurch das eigentliche Problem nicht gelöst werde. Vielmehr befürwortet er einen sozial nachhaltigen Weg, nämlich den Schwächeren zu helfen, mehr Geld zu verdienen. Das bedeutet aber auch, ein Erziehungs- und Bildungssystem, das frühzeitig die sozial Schwachen fördert.

Das Ansehen Ackermanns in Deutschland gleicht einer Achterbahn, wobei die Schnelligkeit das Rauf und Runter diktiert. Es entspricht dem Zeitgeist, dass Unternehmer und Banker nicht als Vorbilder, sondern eher als Reizfiguren gelten. Dabei ist es gerade der Leistung der Unternehmer und Banker zu verdanken, dass die Lebensqualität der Deutschen im vergangenen Jahrzehnt erheblich angestiegen ist und Arbeitsplätze geschaffen und gesichert wurden. Es ist verwunderlich, dass das Bild Ackermanns in Deutschland und im Ausland völlig unterschiedlich ist. Außerhalb Deutschlands, vor allem in seinem Heimatland, der Schweiz, genießt Ackermann als Banker und Mensch hohes Ansehen und sein Rat ist gefragt.

... und international anerkannt

In den nachfolgenden Jahren traf sich Ackermann mehrmals mit wichtigen politischen Vertretern Lateinamerikas, so zum Beispiel im Jahre 2011 mit der neu gewählten brasilianischen Präsidentin Dilma Rousseff.

Der russische Ministerpräsident Wladimir Putin empfing Ackermann im Juni 2008 zu einem vertraulichen Gespräch und bot ihm eine zentrale Rolle beim Ausbau der Wirtschaftsbeziehungen zwischen seinem Land und der Bundesrepublik an. Er lobte die Deutsche Bank als „eine Finanzbrücke zwischen der deutschen und der russischen

Wirtschaft". Die Deutsche Bank konnte in Russland auf eine lange Tradition zurückblicken, die bis in den Beginn der achtziger Jahre des 19. Jahrhunderts reichte. Sie war in Moskau mit einer Filiale vertreten und eröffnete 2008 eine Repräsentanz in St. Petersburg, die als zweite Niederlassung der Bank in Russland Dienstleistungen des Private Wealth Managements und Global Transaction Banking anbot. Darüber hinaus war die Deutsche Bank an der United Financial Group (UFG) beteiligt.

Für „seine führende Rolle bei der Erholung und Stabilisierung der Finanzkrise" erhielt Ackermann im Mai 2010 in Washington den Distinguished Business Leadership Award des Atlantic Council. Für 2009 wurde er zum „European Banker of the Year" gekürt.

Als die Parlamentspräsidentin von Kuwait Ackermann auf einer Tagung der Alfred Herrhausen Gesellschaft im Jahre 2009 ermahnte, Deutschland solle mehr für den irakischen Wiederaufbau leisten, erwiderte Ackermann, dafür sei die Regierung zuständig. Die kuwaitische Politikerin sah das zwar ein, antwortete ihm aber:

> „Aber ich rede mit Ihnen, weil ich davon ausgehe, dass die deutsche Regierung tut, was Sie ihr sagen."
> *(in: Zeit online vom 03.12.2009)*

Anfang Mai 2010 organisierte Ackermann auf Bitten von Finanzminister Wolfgang Schäuble einen Beitrag der privaten Wirtschaft zur Griechenlandhilfe, obwohl Ackermann selbst einer Rettung Griechenlands skeptisch gegenüberstand.

> „Ob Griechenland über die Zeit wirklich in der Lage ist, diese Leistungskraft aufzubringen, das wage ich zu bezweifeln."
> *(Josef Ackermann bei Maybrit Illner am 13.05.2010)*

Er fügte dieser Äußerung hinzu:

> „Und wenn es dann am Schluss dieser ganzen Phase noch nicht ganz reicht, dann kann man ja immer noch über Umschuldungen nachdenken."
> *(Josef Ackermann bei Maybrit Illner am 13.05.2010)*

Ackermann forderte von den Euro-Ländern, den Sanierungsdruck auf Athen zu erhöhen. Seine Äußerungen gaben die Meinung der meisten Ökonomen weltweit wieder. Es zeigte sich im Nachhinein, dass er recht behielt. Auch mit diesen Äußerungen blieb er seiner Linie treu. In ähnlicher Weise, wie er 2008 den Rettungsschirm für die Banken mitgestaltete, selbst aber Staatshilfe ablehnte, so half er auch, eine Beteiligung der privaten Wirtschaft an der Griechenlandhilfe zu organisieren, obwohl er selbst eine Rettung Griechenlands skeptisch sah. Es war bereits damals ein offenes Geheimnis, dass die Banken, die stark in Staatsanleihen von hochverschuldeten Ländern engagiert waren, hohe Abschreibungen erwarteten.

Ackermann ist im Laufe der Schuldenkrise als Mahner, aber auch als Ratgeber und starker Charakter aufgetreten. Im September 1987 auf der Jahrestagung von IWF und Weltbank hatte Alfred Herrhausen zum Entsetzen der Politiker, aber auch seiner Bankkollegen einen Schuldenerlass für die Dritte Welt gefordert. Damals waren vor allem die lateinamerikanischen Staaten mit mehr als 2 Billionen US-Dollar bei europäischen und amerikanischen Banken verschuldet, das heißt konkret: Die meisten Staaten waren bankrott und zahlungsunfähig. Ackermanns Position in der Europäischen Schuldenkrise, seine klaren Äußerungen, aber auch seine Entschlossenheit, mit der er Hilfe anbot und organisierte, erinnern an die damalige Situation.

Mit dramatischen Worten – ohne ein neues Hilfspaket hätten wir die Kernschmelze – schwor Ackermann Ende Juni 2011 die Finanzmärkte und seine Aktionäre auf den Forderungsverzicht ein, nachdem das Parlament in Athen beschlossen hatte, die Sparbeschlüsse konsequent durchzuführen. Ackermann hatte bereits in der Finanzkrise 2008 gezeigt, dass er entschlossen und zielstrebig handeln kann, wenn es darauf ankommt: die Rettung der Hypo Real Estate, die Mitarbeit am Rettungspaket der Bundesregierung, obwohl er selbst Staatshilfe für die Deutschen Bank ablehnte, die Absage an eine Bad Bank und schließlich seine Stellungnahme zur Schuldenkrise haben eine Charakterfestigkeit dokumentiert, die stark an Ackermanns Vorgänger Alfred Herrhausen erinnert. Dessen Satz „Die Zeit ist reif – reif für einen neuen erweiterten Lösungsansatz in der internationalen Schuldenkrise“ erinnert an Ackermanns Aussagen in der europäischen Schuldenkrise.

Auf dem Höhepunkt seiner Karriere war Ackermann als „Staatsbanker“ von den Mächtigen der Welt als Ratgeber für das Krisenmanagement geschätzt. Ende Juli 2011 verdeutlichte Ackermann beim Krisengipfel in Brüssel eindringlich, dass eine Steuer auf Finanzgeschäfte oder eine Bankenabgabe für Griechenland nicht funktioniere. Er plädierte für einen Schuldenerlass von etwa 20 Prozent. Er versicherte Jean-Claude Trichet, dass er sich als Präsident des IIF bei den Großbanken ein Meinungsbild verschafft habe, wie dieser Kompromiss ankommen würde. Ackermann zeigt hier deutlich, dass er nicht nur eine Bank leiten, sondern Problemen mit politischer Weitsicht begegnen kann. Diese Lösung hatte Ackermann bereits ein Jahr zuvor mit dem griechischen Ministerpräsidenten Papandreou durchdiskutiert und vorgeschlagen. Die New York Times bezeichnete Ackermann als den „mächtigsten Banker Europas“. Weltweit würden Politiker seine Expertise schätzen, seine Verlässlichkeit und seine Diskretion.

Doch das Problem Griechenland gestaltete sich immer gravierender, und Lösungen zeichneten sich auch Anfang 2012 nicht ab. Ackermann war in alle wichtigen Entscheidungen einbezogen. Es ging längst nicht mehr um Nachlässe der Banken von 20 Prozent. Es wurden 50 oder sogar 70 Prozent Schuldennachlässe gehandelt. Als erster Privatbanker nahm Ackermann am Wochenende des 4./5. Februar 2012 an der seit fünfzig Jahren abgehaltenen Münchner Sicherheitskonferenz teil.

> „Wir müssen alles dafür tun, dass Europa zusammenbleibt.“
> *(Josef Ackermann, in: F.A.Z. vom 06.02.2012)*

Er hielt den Begleitschaden, der beim Zusammenbruch eines Landes unweigerlich entstehe, für schwerwiegend und warnte:

> „Wenn Griechenland fällt, öffnen wir eine neue Büchse der Pandora.“
> *(Josef Ackermann, in: F.A.Z. vom 06.02.2012)*

Für Ackermann, der als Präsident des IIF von München nach Athen zu den entscheidenden Verhandlungen weiterflog, gab es nur „Handeln oder Zusammenbruch". Ackermann oblag die schwierige Aufgabe, mit Griechenland über einen Verzicht von 70 Prozent der privaten Forderungen zu verhandeln.

Ackermann ist der festen Überzeugung, Griechenland müsse in der Eurozone bleiben. Einen Austritt Griechenlands aus der Eurozone lehnte er ab.

> „Das ist eine Lösung, die man gar nicht andenken sollte. Das wäre ein ganz dramatisches Ergebnis. Wir müssen Griechenland im Euro behalten."
> *(Josef Ackermann in der ARD-Sendung „Bericht aus Berlin" am 05.11.2011, in dpa-Basisdienst vom 06.11.2011)*

Er sprach sich dafür aus, die Finanzkraft des Rettungsfonds deutlich zu stärken, warnte aber gleichzeitig davor, die Goldreserven der Bundesbank dafür anzuzapfen. Er befürwortete stattdessen die Vorteile der Versicherungslösung. Damit sollte der Rettungsfonds zum Teil das Ausfallrisiko von Staatsanleihen mancher Euro-Länder übernehmen und sie so für Investoren attraktiver machen. In zahlreichen Verhandlungen mit dem neuen griechischen Ministerpräsidenten Lucas Papademos, der lange Jahre Chef der griechischen Notenbank und zuletzt Stellvertreter von EZB-Präsident Jean-Claude Trichet in Frankfurt am Main war, verhandelte er mehrmals in Athen einen Verzicht der privaten Forderungen und trug wesentlich zu einer umfassenden politischen und wirtschaftlichen Lösung bei.

Ende Februar 2012 unterbreitete Griechenland seinen privaten Gläubigern ein konkretes Umschuldungsangebot. Alle privaten Gläubiger sollten auf 53,5 Prozent ihrer Forderungen verzichten, also insgesamt auf 107 Milliarden Euro. Für die restlichen 46,5 Prozent sollten die Gläubiger drei neue Wertpapiere erhalten. Zusammen mit dem zweiten Hilfspaket über 130 Milliarden Euro besteht große Hoffnung, dass Griechenland einen positiven Weg in eine Zukunft mit dem Euro weitergehen kann.

Ackermann war sich bewusst, dass mit dieser Regelung noch nicht der Endpunkt der Krise erreicht war. Nach seiner Meinung durchlebt die Europäische Union derzeit die größte Bewährungsprobe ihrer Geschichte.

> „Die Staatsschuldenkrise in einigen Mitgliedsstaaten hat die Schwächen im institutionellen Gefüge der EU und besonders der Währungsunion offen zutage treten lassen. In den Krisenländern führt sie zu harten Sparzwängen und wachsender Arbeitslosigkeit. Für Länder wie Deutschland bringt sie milliardenschwere Transferbelastungen mit sich."
> *(Josef Ackermann in: Bild-Zeitung vom 29.02.2012)*

Er plädiert daher für eine Stabilität des Euro auf der Ebene aller Mitgliedsstaaten und lehnt nationale Alleingänge ab. Darüber hinaus setzt er sich für eine Übertragung von weiteren Kompetenzen auf die EU-Ebene ein. Er ist der festen Überzeugung, dass es ohne ein stärker integriertes Europa, gerade für Deutschland, keine erfolgreiche Zukunft gibt, nicht nur wirtschaftlich, sondern auch politisch und kulturell.

VI Die Nachfolger – ein starkes Triumvirat

Die Entscheidung, eine Doppelspitze mit Jürgen Fitschen und Anshu Jain zu installieren und den Vorsitz im Aufsichtsrat an Paul Achleitner zu übertragen, leitete eine neue Ära in der Deutschen Bank ein.

Die Deutsche Bank hatte in ihrer über 140-jährigen Geschichte stets hervorragende Persönlichkeiten an der Vorstands- und Aufsichtsratsspitze, aber auch die Besetzung der Gremien zeugte stets von hoher Qualität. Georg von Siemens, der erste Vorstandssprecher der Deutschen Bank von 1870 bis 1900, hatte an seiner Seite Hermann Wallich, einen exzellenten Kenner des internationalen Bankgeschäfts, und Max Steinthal, der 1873 auf der Höhe der Gründerkrise mit 23 Jahren in die Deutsche Bank kam. Er verkörperte wie kein anderer die Kontinuität in der Bank. Allein die Tatsache, dass Steinthal 1929 als Aufsichtsratsvorsitzender der Deutschen Bank die Fusion mit der Disconto Gesellschaft, der zweitgrößten Bank in Deutschland, durchführte, zeigt seine „Einheit" mit der Bank. 1933 musste er den Aufsichtsrat auf Initiative der NSDAP verlassen. Trotz seiner großen Verdienste für die Deutsche Bank wurde er von den Nationalsozialisten bis zu seinem Tod im Jahr 1940 in einem Hotelzimmer verfolgt, enteignet und entehrt.

Als Arthur von Gwinner 1909 Vorstandsprecher wurde, gab es im Vorstand der Deutschen Bank mit Carl Klönne, Karl Helfferich, Elkan Heinemann, Paul Mankiewitz und Max Steinthal vier weitere Kandidaten, die jederzeit dieses Amt hätten ausführen können. Ähnlich sieht die Konstellation der Zusammensetzung des Vorstandes in den nachfolgenden Jahren bis in die heutige Zeit aus. Bei jeder neuen Besetzung der Sprecherposition wurden in den Medien stets mehrere Kandidaten gehandelt, nicht nur aus Gründen der Spannung, sondern weil häufig mehrere gleichwertige Kandidaten zur Verfügung standen. Klar ist, dass der Erfolg der Deutschen Bank ohne die Qualität der Vorstandskollegen und hoch qualifizierten und motivierten Mitarbeitern nicht möglich gewesen wäre.

Als Hermann Josef Abs, Sprecher des Vorstandes von 1957 bis 1967, aus dem Vorstand ausschied und den Aufsichtsratsvorsitz übernahm, wurden erstmalig zwei Nachfolger ernannt: Karl Klasen und Franz Heinrich Ulrich. Die allgemeine Wahrnehmung war damals, dass nach dem „Übervater" nur zwei gleichstarke Persönlichkeiten die Bank weiterführen könnten. Richtig allerdings ist, dass die eng befreundeten Karl Klasen und Franz Heinrich Ulrich die Doppelspitze unbedingt wollten. Diese hatte allerdings nicht lange Bestand, da Klasen bereits 1969 zum Bundesbankpräsidenten gewählt wurde und aus der Deutschen Bank ausschied.

Ähnlich wie in der Zeit von Arthur von Gwinner als Vorstandssprecher der Deutschen Bank, als fast alle seine Kollegen die Position des Vorstandssprechers hätten übernehmen können, war es auch in der Vorstandssprecherzeit von Ulrich. Immerhin wurden fünf Kollegen aus der Ära Ulrich später Sprecher des Vorstandes: Wilfried Guth, F. Wilhelm Christians, Alfred Herrhausen, Hilmar Kopper und Rolf-E. Breuer. Als Ulrich dann schließlich 1976 die Sprecherfunktion abgab, gab es mit Wilfried Guth und F. Wilhelm Christians wiederum eine Doppelspitze. Guth übernahm 1985 den Vorsitz im Aufsichtsrat, mit Alfred Herrhausen wurde an der Doppelspitze festgehalten, allerdings nur bis 1988, als Christians ausschied und 1990 von Guth den Vorsitz im Aufsichtsrat übernahm. Somit war Herrhausen nur 1988 und 1989 bis zu seiner Ermordung im November alleiniger Sprecher des Vorstandes.

Hilmar Kopper (1989 bis 1997) und Rolf-E. Breuer (1997 bis 2002) und schließlich Josef Ackermann (2002 bis 2012) waren von Anfang an alleinige Sprecher des Vorstandes, Ackermann seit 2006 als Vorsitzender. Diese Position hatte es bis zu diesem Zeitpunkt in der Deutschen Bank nicht gegeben. Als Arthur von Gwinner von der Redaktion des Berliner Tageblattes als Generaldirektor (Vorsitzender des Vorstandes) bezeichnet wurde, antwortete er:

„Die Deutsche Bank hat nie einen solchen gehabt und wird auch, solange ich Mitglied des Vorstandes bin, keinen erhalten. Unsere Verfassung ist eine demokratische.“
(in: Manfred Pohl: Merger of Equals, Einer ist immer gleicher, S. 146)

Das war allerdings eher eine rhetorische Anmerkung.

Viele Überlegungen, eine Lösung

Nachfolgefragen regen nicht selten Spekulationen an. Zunächst werden die eigenen Kollegen auf ihre Tauglichkeit geprüft, danach gibt es Spekulationen, wer von außen einsteigen könnte, und schließlich wird eine weitere Verlängerung des Vertrages in Erwägung gezogen. Gerade die Nachfolgeregelung im Falle Ackermann hat gezeigt, wie komplex die Deutsche Bank geworden ist. Sie hat aber auch offengelegt, dass die personellen Strukturveränderungen mit der Bildung eines Group Executive Committee, dessen Vorsitzender der Sprecher (Vorsitzender des Vorstandes) ist, und mit der Bildung eines verkleinerten Vorstandes eine neue Führungselite in der Bank erfordert. Das zeigt vor allem die neue Organisationsstruktur, in der fünf Unternehmensbereiche in zwei Säulen zusammengefasst wurden: „Corporate and Investment Bank (CIB)“ und „Private Clients and Asset Management (PCAM)“. Es ist schwer zu sagen, ob diese Veränderungen bereits eine Doppelspitze nahelegen.

Wer die Geschichte der Deutschen Bank kennt, weiß auch, wie schwierig es ist, einen Vorstandsvorsitzenden an die Spitze der Deutschen Bank zu berufen, der von außen kommt. Zeitweilige Spekulationen um Axel Weber, der sich sowohl als Wissenschaftler als auch als Bundesbankpräsident einen hervorragenden Namen gemacht hatte, an die Spitze der Deutschen Bank zu berufen, war zumindest historisch gesehen undenkbar. Dennoch sagte Ackermann:

> „Die richtige Persönlichkeit kann alles lernen. Persönlichkeit aber kann man nicht lernen."
> *(Josef Ackermann, in: Die Welt am Sonntag vom 10.04.2011)*

In der Jahresbilanzpressekonferenz vom 2. Februar 2012 räumte Ackermann ein, dass er tatsächlich eine Persönlichkeit von außerhalb des Vorstandes – Axel Weber – favorisiert habe. Dennoch sei die Nachfolgefrage „ohne große Streitereien" diskutiert worden. Doch der „externe Kandidat" habe nicht zur Verfügung gestanden. Axel Weber entschied sich frühzeitig für die UBS, Zürich. Dieser Teil der Nachfolgefrage war somit erledigt.

Wie gesagt, in der Geschichte der Deutschen Bank gab es in der Diskussion um die Nachfolge immer wieder Diskussionen, die aber fast ausschließlich auf Spekulationen in der Presse basierten. In der Bank selber liefen die Nachfolgediskussionen zumeist unter völlig anderen Aspekten und Kriterien ab, die der Öffentlichkeit allerdings meist verborgen blieben. Ackermann steht nach diesen Überlegungen und Diskussionen voll hinter der Doppelspitze, da die nun gefundene Lösung die Bedürfnisse der zwei Bereiche – Investmentbanking und Privatkundengeschäft – gut abdeckt. Aber auch wenn Axel Weber sein Nachfolger geworden wäre, hätte Anshu Jain eine entscheidende Rolle gespielt.

Das klingt glaubhaft, war Ackermann doch von Anfang an einer der größten Förderer von Anshu Jain. Umgekehrt aber muss festgehalten werden, dass Jain und die Londoner Gruppe wesentlich an der Inthronisierung von Ackermann im Jahr 2000 beteiligt waren. Jain wiederum betont, dass Ackermann seit mehr als 15 Jahren ein sehr unterstützender, aber auch kritischer Chef gewesen sei.

Mit der Berufung von Jürgen Fitschen und Anshu Jain durch den Aufsichtsrat am 25. Juli 2011 als Doppelspitze hat die Deutsche Bank einer Entwicklung Rechnung getragen, die sich vor allem seit Beginn der Krise und dem verstärkten Ausbalancieren zwischen Heimatmarkt und Investmentbanking abgezeichnet hatte.

> „Die heute getroffene Entscheidung hat der Aufsichtsrat der Deutschen Bank einvernehmlich und unter enger Einbeziehung von Josef Ackermann in dem gesamten Prozess getroffen. Die Entscheidungen sorgen für Erneuerung und sichern zugleich die Kontinuität. Damit schaffen sie bessere Voraussetzungen dafür, dass die Bank ihren Erfolgskurs fortsetzen kann."
> *(Clemens Börsig nach der Aufsichtsratssitzung, in: Forum 3/2011, S. 11)*

Und Ackermann ergänzte die deutlichen Worte von Börsig.

> „Ich freue mich über die vom Aufsichtsrat beschlossene Neuordnung an der Spitze der Bank und bin gern bereit, in den Aufsichtsrat einzutreten und den Vorsitz im Gremium zu übernehmen, um so auch in Zukunft der Bank dienen zu können."
> *(Josef Ackermann nach der Aufsichtsratssitzung, in: Forum 3/2011, S. 11)*

Somit war nach der denkwürdigen Aufsichtsratssitzung alles in bestem Einvernehmen. Die Doppelspitze war installiert und gefestigt.

Jürgen Fitschens breite Aufstellung, sein exzellentes Wissen um die innere Struktur der Bank und ihre Geschäfte, aber auch seine hervorragende Vernetzung zu Politikern aller Couleur, Mittelständlern ebenso wie weltweit agierenden Unternehmen, prädestinieren ihn geradezu als Partner von Anshu Jain, dessen Erfolge im Investmentbanking unbestritten sind. Beide haben sich intensiv mit ihrer Berufung befasst, geprüft, ob sie zueinander passen. Fitschen fasste dieses „Findungsgespräch" zusammen:

> „Gehen Sie davon aus, dass wir beide uns intensiv genug unterhalten haben, bevor wir zum Nominierungsausschuss zurückgegangen sind und gesagt haben, ja, wenn es der Wunsch des Aufsichtsrates ist, dann sind wir bereit, das zu machen. Wir haben uns gefragt, können wir Partner sein, und sind zu dem Ergebnis gekommen, dass wir uns vertrauen und ergänzen. Das ist die Basis für eine wahre Partnerschaft."
> *(Jürgen Fitschen, in: Die Zeit vom 04.11.2011)*

Der in Hollenbeck bei Hersefeld geborene Jürgen Fitschen kam 1987 zur Deutschen Bank und lebte und arbeitete fast 17 Jahre im

Ausland, in Bangkok, Tokyo, Singapur und London. 2004 kehrte er von London nach Frankfurt am Main zurück und übernahm die schwierige Aufgabe, den Heimatmarkt, vor allem das Geschäft mit den mittelständischen Firmenkunden, zu beleben und auszubauen. Dass ihm diese Aufgabenstellung und Zielsetzung hervorragend gelang, zeigt die inoffizielle Auszeichnung „Mister Deutschland" – ein Titel, der viel zu kurz greift, aber dennoch verpflichtet. Bundeskanzlerin Angela Merkel nahm ihn 2011 auf ihre Afrikareise mit, ein Kontinent, der nach Asien und Südamerika nun endlich aufwacht und dem eine erfolgreiche Zukunft vorausgesagt wird.

Anshu Jain, am 26. März 1963 in der indischen Stadt Jaipur im nördlichen Bundesstaat Rajasthan geboren, wuchs in Neu-Delhi auf und studierte dort Volkswirtschaft, doch seinen Masterabschluss machte er in den USA. Hier begann er an der Wall Street bei der Investmentbank Merrill Lynch seine Karriere. Anshu Jain ist im angelsächsischen Raum hervorragend vernetzt und begleitete beispielsweise den englischen Premierminister nach Indien.

Es sind nicht nur die Erfolge im Investmentbanking, die ihn für den Chefposten befähigen. Die Deutsche Bank ist längst ein globales Institut. Ende 2010 gehörten 53 Prozent des Grundkapitals ausländischen Investoren. Mehr als die Hälfte der über 100.000 Mitarbeiter arbeiten im Ausland. Doch die Basis und Heimat der Deutschen Bank ist Deutschland, ist Frankfurt am Main. Auch deswegen ist die Doppelspitze sinnvoll.

> „Ich habe ihn als sensiblen, loyalen, in langfristigen Beziehungen denkenden Menschen erlebt. Er identifiziert sich stark mit der Deutschen Bank und gerade auch mit dem Heimatmarkt Deutschland."
> *(Jürgen Großmann, Vorstandsvorsitzender der RWE, in: Handelsblatt vom 3./4. Februar 2012)*

Im Oktober 2011 zeichnete die Zeitschrift „The Banker" die Deutsche Bank zum ersten Mal als „Innovativste Investmentbank des Jahres" aus. Anshu Jain nahm diesen Preis im Rahmen einer Festveranstaltung in London entgegen. Vor allem die Kompetenz, innovative Produkte zu entwickeln und neuartige Unternehmensstrukturen und Kundenstrategien auszubauen, waren die Hauptargumente, die zur Verleihung der Auszeichnung an die Deutsche Bank führten.

Fitschen und Jain obliegt es nun, die Deutsche Bank in eine stabile Zukunft zu führen. Eine Rendite von 25 Prozent wird nicht mehr die absolute Richtschnur sein, die Zahl 15, wie Jürgen Fitschen es für die gesamte Kreditwirtschaft andeutete, ist ebenfalls eine positive Größe. Stabilität und Zukunftsfestigkeit sind wichtiger als alle Zahlenspiele.

Mit der Nachfolgeregelung im Vorstandsvorsitz war jedoch die Führungsdiskussion noch lange nicht beendet. Offen war immer noch die Frage, wer Vorsitzender des Aufsichtsrates wird. Ackermann war zunächst bereit, diese Position zu übernehmen. Entgegen aller in den Medien geführten und geschürten „Richtungskämpfen", die angeblich in den Gremien Vorstand und Aufsichtsrat mit aller Härte stattfanden, waren hier längst Entscheidungen gefallen, die Stück für Stück nach außen drangen. Das Klima zwischen Arbeitnehmervertretern, Vorstandsmitgliedern und Aufsichtsratsmitgliedern war offensichtlich in der Phase der schwierigen Entscheidungsfindung im Juli 2011 gut. Was aber war die beste Lösung? Sollte Ackermann Clemens Börsig an der Spitze des Aufsichtsrates ablösen?

Vieles ließ sich traditionsgemäß dafür in den Ring werfen. Aber entsprach das den neuen Corporate-Governance-Regeln? Dafür sprach, dass das internationale Netzwerk von Ackermann der Deutschen Bank erhalten bleiben müsse. Dagegen sprach, dass Ackermann wieder negativ und damit auch die Deutsche Bank in die Schlagzeilen gerückt wären. Das Aktiengesetz erlaubt nur in Ausnahmefällen den unmittelbaren Übergang vom Vorstandsvorsitz an die Aufsichtsratsspitze. Diesem Prozedere mussten mindestens 25 Prozent der Anteilseigner zustimmen. Wollte sich Ackermann wirklich eine Rundreise zu den Investoren antun? Er entschied sich schließlich für den Verzicht auf den Vorsitz im Aufsichtsrat. Mit dieser Entscheidung kehrte er zu seiner Meinung zurück, die er während seiner gesamten Amtszeit deutlich gemacht hatte.

Zwei Aussagen von Ackermann standen sich unvereinbar gegenüber:

> „Ich wäre ein schlechter Aufsichtsratsvorsitzender, weil ich viel zu stark im Geschäft bin und nicht loslassen könnte."
> *(Josef Ackermann, in: Süddeutsche Zeitung vom 10.03.2007)*

Und dann die Aussage, in der er bereit war, Verantwortung zu übernehmen.

> „Ich bin gern bereit, in den Aufsichtsrat einzutreten und den Vorsitz des Gremiums zu übernehmen, um auch so in Zukunft der Bank dienen zu können."
> *(Josef Ackermann am 25. Juli 2011, in: Forum 3/2011, S. 11)*

Noch nie in der Geschichte der Bank hatte die Nachfolgefrage zu so heftigen Meinungsunterschieden geführt, und dennoch ist die Entscheidung, die letztendlich gefällt wurde, für die Zukunft der Bank richtungsweisend.

Mit Paul Achleitner, dem Finanzchef der Allianz, wird eine Persönlichkeit den Vorsitz im Aufsichtsrat übernehmen, die sowohl Fachmann in Finanzfragen ist, aber darüber hinaus mit zahlreichen Ideen zur Lösung der Staatsschuldenkrise national wie international einen hervorragenden Ruf genießt. Als ehemaligem Deutschland-Chef von Goldman Sachs ist ihm das Investmentbanking bestens bekannt. Über zehn Jahre hat er im Vorstand der Allianz bewiesen, dass er national und international hervorragend vernetzt ist. Die Deutsche Bank kennt er gut, vor allem auch aus der Zeit der Fusionsverhandlung der Deutschen Bank mit der Dresdner Bank 1999/2000.

> „Es ist ein Verlust für die Allianz, aber ein Gewinn für die deutsche Finanzwelt und den guten Ruf deutscher Unternehmen."
> *(Michael Diekmann, Vorstandsvorsitzender der Allianz, in: F.A.Z., vom 20.11.2012)*

Mit der neuen Führungsspitze wird auch ein neuer Weg in der Personal- und Geschäftsstruktur eingeschlagen. Die Ära Ackermann geht zu Ende und ein neues Zeitalter in der Deutschen Bank, gekoppelt an Strukturveränderungen, beginnt. Dies spiegelt sich zunächst in der Struktur des Vorstandes, aber auch im Aufbau der Bank wider. Hugo Bänziger und Hermann-Josef Lamberti verlassen den Vorstand im Mai 2012, als neue Mitglieder steigen die bankinternen Kandidaten Stephan Leithner (neu zuständig für Personal- und Rechtsfragen sowie Regionalvorstand für Europa), Henry Ritchotte (neuer Chief Operating Officer) und Stuart Lewis (neuer Chief Risk Officer) auf.

Mit dem Führungswechsel wird zudem mit der zweigliedrigen Struktur der Deutschen Bank gebrochen. Während unter Ackermann das Zwei-Säulen-Modell aus Investmentbanking und Privatkunden gelebt wurde, wird nun eine Struktur mit vier Säulen angestrebt. Die bisherigen zwei Säulen werden mit den Bereichen Zahlungsverkehrsmanagement und Vermögensverwaltung ergänzt.

Außerdem wächst das Group Executive Committee von 12 auf 18 Mitglieder. Dazu gehören laut Bekanntgabe am 16. März 2012: Jürgen Fitschen, Anshu Jain, Stefan Krause, Rainer Neske, Stephan Leithner, Stuart Lewis, Henry Ritchotte, Gunit Chadha, Alan Cloete, Michele Faissola, Colin Fan, David Folkerts-Landau, Colin Grassie, Robert Rankin, Christian Ricken, Werner Steinmüller, Richard Walker und der neu zu benennende CEO für Amerika.

Die Führungssuche ist somit abgeschlossen. Die Lösung verheißt einen Neustart: Jürgen Fitschen, Anshu Jain und Paul Achleitner versprechen Kompetenz und Zukunftsfestigkeit, da alle drei Persönlichkeiten hervorragend vernetzt sind, aber vor allem wissen, wie Finanzwirtschaft, Realwirtschaft und Politik funktionieren. Das schmälert weder die Verdienste von Josef Ackermann, dem die Deutsche Bank den Aufstieg zu einer international führenden Bank verdankt, noch diejenigen von Clemens Börsig, dem als Aufsichtsratsvorsitzender die schwierige Aufgabe oblag, die richtigen Kandidaten zu finden.

VII Einordnung und Schlussfolgerung

Außer Zweifel steht, dass Ackermann die erste und die beginnende zweite Dekade des 21. Jahrhunderts im globalen politischen und wirtschaftlichen Geschehen entscheidend mitgeprägt hat. Kein anderer Banker kann für sich in Anspruch nehmen, als finanzpolitische Instanz der globalen Welt und darüber hinaus als Identifikationsfigur der Banken weltweit zu gelten. Die zehn Jahre an der Spitze der Deutschen Bank und die Art und Weise, wie die Bank in der bisherigen Krise gehandelt hat, zeugen von einer finanztechnischen und -politischen Meisterleistung, aber auch von einer Persönlichkeit, in der sich die Charaktereigenschaften und die Brüche, die das politische und ökonomische System der globalen Welt forderten, kaleidoskopartig widerspiegeln. Erkenntnisse und Erfahrungen aus der Krise führten immer wieder dazu, dass Ackermann Einfluss auf die gesellschaftlichen Strukturen nahm und nehmen musste. Seine geistig autonome Position, aus der heraus er die Probleme der Krise analysierte und eigene, oft missverstandene Positionen aufbaute, kennzeichnet seine gesellschaftspolitische Verantwortung.

Oft scheint die Berichterstattung und Meinungsbildung über Ackermann unausgewogen. Subjektives und objektives Handeln werden miteinander vermischt und die Frage nach der gesellschaftspolitischen Verantwortung nur an den nicht erreichten Zielen aufgehängt, wie zum Beispiel die Bank unter die ersten Zehn der Welt zu führen. Dies lag aber auch daran, dass es der Deutschen Bank nicht immer gelungen ist, der Öffentlichkeit gegenüber Handlungen transparent darzulegen und so zu kommunizieren, dass es eine breite Öffentlichkeit auch verstand.

Ackermann hat auch hier einen Erkenntnis- und Erfahrungsprozess durchlaufen, der sicherlich nicht endgültig ist. Aber: „Wer immer strebend sich bemüht, den können wir erlösen", so die Quintessenz in Goethes Faust 2 und des Dialogs, den Ackermann mit seinem Lehrer Hans Christoph Binswanger 2009 führte.

Wer zur Quelle will, muss gegen den Strom schwimmen. Ackermann schwamm gegen den Strom, lehnte zum Entsetzen der Politiker und Konkurrenten eine Bad Bank ab und weigerte sich konstant, Geld vom Staat zu nehmen. Der Erfolg gab ihm recht, die Deutsche Bank ist weltweit eines der wenigen Institute, die ohne Staatshilfe auskamen.

Lässt man einmal den gesamten Medienrummel um die Person Josef Ackermann weg, ebenso wie die unterschiedlichen Interpretationen seiner Gestik und Worte, und konzentriert sich ausschließlich auf die Tatsachen, die seine zehnjährige Amtszeit als Vorstandssprecher und seit 2006 als Vorstandsvorsitzender der Deutschen Bank betreffen, so ist festzuhalten, dass Ackermann von Anfang an eine klare und zielgerichtete Strategie verfolgte und konsequent umsetzte, sowohl was die Entwicklung der Bank betraf als auch seine Verantwortung der Politik und Wirtschaft gegenüber. In der Deutschen Bank schuf er eine strategische Transformation, die er trotz Krisen und negativen Einflüssen von außen konsequent in vier Phasen durchführte. Kaum ein Jahr im Amt, war die Deutsche Bank nicht wiederzuerkennen. Ackermann hatte sie in eine neue Dimension geführt. Konsequent arbeitete er an seinem Ziel, die Profitabilität der Bank Schritt für Schritt zu steigern.

Während von Beginn seiner Amtszeit im Mai 2002 bis Ende 2007 eine kontinuierliche Aufwärtsentwicklung der Deutschen Bank gelang und Ackermann fast alle seine Ziele wie eine ständige Steigerung der Profitabilität mit einer Eigenkapitalrendite von 25 Prozent und mehr erreichte, der Aktienkurs über 100 Euro stieg und die Deutsche Bank sich als einziges deutsches Institut von internationaler Bedeutung herauskristallisierte, wurde diese Hochzeit durch die Finanzkrise und die anschließende Staatsschuldenkrise unterbrochen. Dennoch gelang es Ackermann, die Deutsche Bank mit Geschick und Können durch die Krise zu manövrieren, auch wenn er 2008 einen herben Einbruch hinnehmen musste.

Es entsprach dem Zeitgeist Anfang des 21. Jahrhunderts, grenzenlos über Gewinne zu spekulieren. Mit der Finanz- und Staatsschuldenkrise ging diese Maximierungshaltung unweigerlich ihrem Ende entgegen. Die „neue Demut", die den Beginn der zweiten Dekade des 21. Jahrhunderts prägt, hat andere Zielrichtungen. 25 Prozent ist nicht mehr die Richtgröße. Die Zeiten, in denen Bankmanager immer größere Risiken eingingen, um immer höhere Erträge zu erzielen, sind endgültig vorbei. Die neue Devise lautet, die Organisation so effizient wie möglich zu gestalten, den Eigenhandel einzustellen und das Geschäft mit den Kunden und ihren Bedürfnissen wieder in den Vordergrund zu stellen. Was jeder Lehrling bereits in der Ausbildung lernt, dass die wichtigste Aufgabe der Bank ist, Einlagen zu verwalten und Kredite zu geben, Unternehmen Kapital für strategische Übernahmetransaktionen zur Verfügung zu stellen und Unternehmen zu beraten, wird wieder zur Maxime der Geschäftstätigkeit der Banken werden müssen. Aber die Lösung der Probleme ist ohne nachhaltiges Wachstum nicht möglich. Das werden die Milliarden Menschen in den Entwicklungs- und Schwellenländern fordern. Eine neue Zeit ist angebrochen. Das ist für alle Menschen die wichtigste Erkenntnis.

In der Staatsschuldenkrise, vor allem im Laufe des Jahres 2011, schwand das Vertrauen, dass der Euro eine stabile Währung mit Zukunft sei, obwohl es keine Eurokrise gab, sondern die Staatsschuldenkrise den Menschen immer wieder so dargestellt wurde, als sei der Euro schuld an der Krise. Gleichzeitig schwand die Zuversicht, die Politik könne Krisen lösen. Ackermann erkannte die Gefahr und warnte vor einer Internationalisierung, die durch den klar erkennbaren Trend hin zu einer Renationalisierung der Regierungen bedroht werde.

> „Für einen globalen Kapitalmarkt brauchen wir global gültige und konsistente Regeln."
> *(Josef Ackermann auf einer Veranstaltung von Die Zeit am 03.09.2009)*

Die Schuldenkrise setzte den Aktienkurs weiter unter Druck, und die bis 2011 unerschütterliche Annahme, dass europäische Staatsanleihen sicher seien, wurde zerstört. Die Politik wurde kurzatmig, und die Politiker hechelten den realen Gegebenheiten hinterher.

„Es droht die Gefahr, dass die Leistungsfähigkeit des Marktes beschädigt wird.“
(Josef Ackermann, in: Handelsblatt vom 15.01.2009)

Es ist bezeichnend, dass die Periode des kontinuierlichen Wachstums von 2002 bis 2007 zum großen Teil in die Zeit des Mannesmann-Prozesses fiel. Die hieraus entstandenen Belastungen, die hämischen und zum Teil diffamierenden Kommentare nicht nur in der Presse verlangten eine besondere Stärke und ein Durchhaltevermögen, das auf eine außergewöhnliche Charakter- und Persönlichkeitsstruktur schließen lässt. Das V-Zeichen geschah nebenbei und unbewusst. Es war die Nachahmung der Gestik einer anderen Person. Aber dennoch versuchten nun alle, diesem unglücklichen Zeichen eine übergeordnete, charakterimmanente Eigenschaft zuzuweisen. Substanz und Zufall gerieten in Konkurrenz zueinander. Der Ablauf des Prozesses und die Folgen für Ackermann bekamen eine andere Dimension. Von diesem Zeitpunkt an stand er im Mittelpunkt des öffentlichen Interesses, und jeder glaubte, kommentarberechtigt zu sein. Ackermann musste lernen, dass nicht immer Verstand und Sachkenntnis die wichtigsten Kriterien sind, die zu Entscheidungen führen.

In einer ökonomisch bestimmten Zivilisation mögen viele Handlungen bedrohlich erscheinen, aber die Aufgabe, komplizierte Gegenstände zu analysieren und zu lösen, prägten seine Entscheidungen mehr und mehr, nicht nur im ökonomischen Feld, sondern auch in seiner politischen Verantwortung. Ackermann bildete während seiner Amtszeit als Vorstandssprecher und Vorstandsvorsitzender der Deutschen Bank Lebenszentren, geprägt vom Handeln durch Haltung. In seinem System gab es und gibt es klare Vorstellungen von Markt und Wettbewerb, die auf seine Studienzeit in St. Gallen und seine Arbeit am Lehrstuhl von Binswanger zurückgehen. Die Vitalität der Selbstbehauptung durchzieht und prägt seine Entscheidungen.

Er hat eine klare Meinung und Vorstellung von Hierarchien, er hat sie nie geleugnet. Aber er hat sie relativiert, indem er ihnen

Eigenverantwortung zugestand und geschäftsübergreifende Kommunikation forderte. Ackermann als einseitigen Prototyp des Kapitalismus zu sehen, würde seiner Persönlichkeit nicht gerecht werden. Vielmehr kennzeichnet seine Persönlichkeit eine Vielfalt von Eigenschaften und Tugenden, die in der Gesamtheit ein Bild entwerfen, das in seinem Rahmen Solidarität, Standhaftigkeit, Treue gegenüber Personen in seinem Umfeld, die auch ihm die Treue halten, Durchhaltevermögen, Gelassenheit und Disziplin und nicht zuletzt Führungsqualität und klare Entscheidungsfähigkeit vereinigt.

Von Anfang an genoss Josef Ackermann weltweit hohes Ansehen. Für seinen außerordentlichen Unternehmergeist in der Finanzwelt und sein Engagement für Toleranz, Dialog und internationale Zusammenarbeit erhielt Ackermann 2003 von der Appeal of Conscience Foundation (ACF) den Ethikpreis. Bei der Preisverleihung in New York erklärte Ackermann:

> „Globalisierung in seinem eigentlichen Sinne hat heute fast noch nicht begonnen. Mit Globalisierung meine ich mehr, viel mehr als lediglich eine geographische Ausdehnung von kommerziellen politischen Interessen. Mit Globalisierung meine ich die Globalisierung der ethischen Werte. Diese Idee mag auf den ersten Blick sehr theoretisch erscheinen, aber ich bin der Meinung, dass sie eine äußerst praktische Dimension hat. Vor allem kann die Globalisierung der ethischen Werte in entscheidender Weise zu Stabilität und wachsendem Wohlstand in einer komplexen und unsicheren Welt beitragen."
> *(Josef Ackermann, in: Forum Dez. 2003, S. 8)*

Mit Sicherheit hat die Bank sich in diesen zehn Jahren mehr verändert als in ihrer gesamten 140-jährigen Geschichte zuvor, und sie ist in eine Größenordnung vorgestoßen, die sie zu einer der anerkanntesten Investmentbanken weltweit werden ließ. Das geht allein aus der Tatsache hervor, dass sie von 2002 bis 2011 drei Mal als Bank of the Year durch die Fachzeitschrift International Financing Review (IFR) gekrönt wurde, zum ersten Mal im Jahre 2003. Die Zeitschrift lobte zu diesem Zeitpunkt die Bank für die weitreichende Transformation ihrer Plattform, unter anderem auch für die Reduzierung der Risiko-gewichteten Aktiva und den Verkauf von Industriebeteiligungen.

Ackermann sah in diesen Auszeichnungen ein klares Zeichen dafür, dass der Markt die Strategie der Bank anerkannte. Er wusste aber auch, dass diese Auszeichnungen nur durch die Kompetenz und den Einsatz der Mitarbeiter erreicht werden konnte. Als Ackermann im Jahre 2006 zum zweiten Mal diesen „Finanz-Oscar" von Prinzessin Anne und IFR-Chefredakteur Keith Mullin überreicht bekam, schrieb er diese Auszeichnung den Mitarbeitern und dem Teamgeist zu:

> „Ich bin davon überzeugt, dass es ihr Teamgeist ist, der heute Abend hier gewürdigt wird. Für mich ist es eine Ehre, mit einem so hervorragenden Team zusammen zu arbeiten. Ohne den enormen Einsatz aller Mitarbeiter wäre dieser Erfolg nicht möglich gewesen."
> *(Josef Ackermann, in: Forum Febr./März 2006, S. 18)*

Ackermann erhielt folgende weitere Auszeichnungen:

2004	Ackermann wird Ehrenmitglied der renommierten London Business School.
2005	Auszeichnungen durch die New Yorker Metropolitan Opera für die mehr als 20-jährige Unterstützung des Opernhauses.
2005	Bridges to Understanding Award des Jewish Museum in New York als Dank für das Engagement der Bank für New York, die Künste, ein kulturübergreifendes Verständnis.
2007	Global Leadership Award des American Institute for Contemporary German Studies (AICGS), New York, wegen der Förderung der Entwicklung der deutsch-amerikanischen Beziehungen. Bundeskanzlerin Angela Merkel und US-Präsident George W. Bush gratulierten Ackermann in persönlichen Grußworten.
2007	Herbert H. Lehman Human Award von dem American Jewish Committee, der ältesten und angesehensten Bürger- und Menschenrechtsorganisation in den USA.

2009 Ackermann wird zum „European Banker of the Year" gekürt, Luxemburgs Premierminister Jean-Claude Juncker hält die Laudatio.

Ackermann war es wichtig, dass er und die Mitarbeiter der Bank verantwortungsbewusst handeln.

> „Wir setzen uns ehrgeizige geschäftliche Ziele. Aber alle unsere Geschäfte müssen nicht nur rechtlich, sondern auch ethisch einwandfrei sein. Davon dürfen wir keine Ausnahme dulden. Es ist besser, ein Geschäft, so finanziell lukrativ es kurzfristig erscheinen mag, nicht zu machen, wenn mittel- bis langfristig daraus beachtliche Repräsentationsrisiken erwachsen können. Nur eine werteorientierte Unternehmensführung vermag nachhaltigen Erfolg zu gewährleisten."
> *(Josef Ackermann auf der Hauptversammlung der Deutschen Bank vom 26.05.2011)*

Dennoch hat Ackermann nicht alle seine Ziele erreicht. Der Aktienkurs der Deutschen Bank stieg zwar in der Hochphase des Erfolges und überragender Ergebnisse von 2003 bis 2007 auf über 100 Euro, fiel dann aber bis Ende 2011 auf ein historisches Tief von knapp über 20 Euro. Damit lag sie im Trend so vieler Bankaktien in der westlichen Welt. Auch sein Bestreben, die Deutsche Bank unter die ersten Zehn zu führen, erreichte er nicht. Es ist müßig, danach zu fragen, wo die Deutsche Bank stehen würde, wäre im Sommer 2007 keine Finanzkrise ausgebrochen oder hätte Ackermann sein Ziel für 2011, rund 10 Milliarden Gewinn zu erzielen, ohne Staatsschuldenkrise erreicht.

Während Ackermann im Ausland wegen seiner Leistungen in der Kreditwirtschaft und der Politik hohes Ansehen genießt, gelang es ihm in Deutschland nur zeitweise, in der Politik und der öffentlichen Meinung für seine Leistung Anerkennung zu erhalten. Diese Tatsache gehört sicherlich zu seinen Enttäuschungen in diesen zehn Jahren. Wer Ackermann kennt und mit ihm öfter zusammen ist, der weiß, dass er ein aufrichtiger und geradliniger Charaktermensch ist, der natürlich in seiner beruflichen Laufbahn Entscheidungen fällen musste, die nicht nur für viele hart, sondern auch unverständlich waren, aber in der Gesamtsicht die Richtigkeit seiner Strategie bestätigen.

Ackermann ist kein eiskalter Manager, der mit Zahlen und Menschen jongliert. Das Einzelschicksal von Mitarbeitern und Kunden beschäftigt und berührt ihn. Er weiß, dass er nicht in der Lage ist, sich um jeden einzelnen Mitarbeiter und Kunden zu kümmern, sondern dass er das Wohl aller im Auge haben muss. Aber viele Mitarbeiter wissen und haben konkret erfahren, dass er hilft, wo er kann. Aber klar ist auch, dass bei über hunderttausend Mitarbeitern Ackermann nicht überall helfen kann.

Seine Anweisungen, in Not geratenen Mitarbeitern zu helfen, sind klar und wurden auch umgesetzt. Ackermann ist äußerst sensibel, vor allem wenn er Unrecht erfährt. Charakter praxisnah auszuüben ist eine seiner Grundstrukturen. Im März 2012 zeichnete er deshalb auch erstmals drei Mitarbeiter mit dem „Deutsche Bank Mitarbeiterpreis für soziales Engagement“ aus.

Ackermann liebt zudem Geselligkeit und Gespräche außerhalb des Berufsgeschehens, wie zum Beispiel Diskussionen über Oper, aber auch Theater. Schon in seiner Jugend war er ein sehr guter Sportler, besonders in Leichtathletik. Somit ist es verständlich, dass er bis heute Sport nicht nur fördert, sondern auch interessierter Zuschauer von Fußballspielen oder Olympischen Spielen ist. Er besuchte beispielsweise auch mit der Oberbürgermeisterin der Stadt Frankfurt, Petra Roth, Fußballspiele der Eintracht Frankfurt.

Wer in allen Teilen der Welt Geschäfte tätigt und für den Grenzen längst kein entscheidendes Hemmnis mehr sind, dem sind auch bei aller unbegrenzter Rastlosigkeit Augenblicke des Innehaltens, vielleicht sogar Momente der Ratlosigkeit zu gönnen, um sich wieder der Endlichkeit seiner Handlungen und Entscheidungen bewusst zu werden.

Ackermann liebt Musik, er findet hier Entspannung und Erholung.

„Ich kann mir einen Tag ohne Musik kaum vorstellen. Neben der klassischen Musik habe ich eine Vorliebe Jazz. Zu meiner Zeit in New York, in den späten 1970er Jahren, besuchte ich gern Jazzclubs."
(Josef Ackermann, in: Bild-Zeitung vom 12.08.2010)

Ursprünglich hatte Ackermann sein Ausscheiden für 2010 geplant. Dass er dieses Datum auf Drängen des Aufsichtsrates auf den Tag der Hauptversammlung des Jahres 2013 hinausschob, war verständlich und für die Entwicklung der Deutschen Bank ein Gewinn. Dass es dann immer wieder Diskussionen über seine Nachfolge gab, bis schließlich eine Doppelspitze mit dem 49-jährigen Investmentbanker Anshu Jain und dem 63-jährigen Jürgen Fitschen gefunden wurde, zeigt die Komplexität der Deutschen Bank und ihrer Führungsstruktur. Dass Ackermann vorübergehend den Aufsichtsratsvorsitz von Clemens Börsig übernehmen wollte und dann sich anders entschied, zeigt, wie schwierig für Ackermann die Entscheidung zwischen persönlicher Lebensplanung und Verantwortungsbewusstsein war. Diese Diskussionen und der ständige Meinungswechsel führten schließlich dazu, dass Ackermann sich dazu entschloss, zur Hauptversammlung 2012 am 31. Mai auszuscheiden. Er wird in sein Heimatland zurückkehren und soll neuer Verwaltungsratspräsident des Schweizer Versicherungskonzerns Zurich Insurance Group werden.

Es werden viele Bilder von Ackermann bleiben, mit Sicherheit wird er nicht nur mit der Zahl 25 in die deutsche und internationale Bankengeschichte eingehen, sondern auch als einer der ganz besonderen Banker des beginnenden 21. Jahrhunderts.

Anfeindungen von innen und außen haben in der Deutschen Bank Tradition. Bereits der erste Vorstandsprecher der Deutschen Bank, Georg von Siemens, musste sich mit Kanzler Bismarck über die Reform des Aktienrechts auseinander setzen und intern gegen die bedeutendsten Privatbankiers Deutschlands, die die Deutsche Bank beherrschten, die Unabhängigkeit verteidigen. Hermann Josef Abs war als Berater Adenauers und in seiner Eigenschaft als Vertreter Deutschlands bei der Verhandlung des Londoner Schuldenabkommens umstritten und konnte sich gegen seine Vorstandskollegen bei der Einführung des breiten privaten Kundengeschäftes nicht durchsetzen. Alfred Herrhausen schließlich erregte die Gemüter, als er einen Schuldenerlass für die Entwicklungsländer forderte, und hatte so manchen Vorstandskollegen bei der Installation seiner Ideen in der Bank gegen sich. Allen aber ist gleich, dass der Bankberuf nicht ihre erste Wahl war: Georg von Siemens wäre lieber Archäologe, Hermann Josef Abs Dirigent, Alfred Herrhausen Philosoph und Josef Ackermann Opernsänger geworden.

Sie träumten alle von einer anderen Welt und waren vielleicht gerade deshalb so erfolgreich.

Lebenslauf Josef Ackermann

7. Februar 1948	Geburt in Mels, Kanton St. Gallen, in der Schweiz
1967	Matura
1968–1973	Studium der Wirtschafts- und Sozialwissenschaften an der Hochschule St. Gallen
1973–1977	Wissenschaftlicher Assistent für Geldpolitik und Geldtheorie am Volkswirtschaftlichen Institut, Promotion bei Hans Christoph Binswanger
1977	Heirat mit der Finnin Pirkko Mölsä
1977	Abschluss der Promotion zum Thema „Einfluss des Geldes auf das reale Wirtschaftsgeschehen“
1977	Karrierebeginn bei der Schweizerischen Kreditanstalt (SKA), später Credit Suisse
1984	Geburt der Tochter Catherine
1990	Generaldirektor der SKA
1993–1996	Präsident der SKA
1996	Vorstandsmitglied der Deutschen Bank, zuständig für Investmentbanking
22. Mai 2002	Sprecher des Vorstandes und Vorsitzender des Group Executive Committee
17. Februar 2003	Anklageerhebung der Düsseldorfer Staatsanwaltschaft u. a. gegen Josef Ackermann wegen Untreue im sogenannten Mannesmann-Prozess
Juni 2003	Chairman des Institute of International Finance (IIF)

2004	Ehrenmitgliedschaft der London Business School
Juli 2004	Mannesmann-Prozess: Freispruch in erster Instanz vom Vorwurf der Untreue
Dezember 2005	Aufhebung des Freispruchs im Revisionsverfahren
1. Februar 2006	Vorsitzender des Vorstandes der Deutschen Bank
29. November 2006	Verfahrenseinstellung im Mannesmann-Prozess
Juli 2008	Honorarprofessur der Johann Wolfgang Goethe-Universität, Frankfurt am Main
27. April 2009	Verlängerung des Vertrages als Vorstandsvorsitzender bis 2013
2009	„European Banker of the Year“
31. Mai 2012	Ausscheiden aus der Deutschen Bank
Juni 2012	Verwaltungsratspräsident der Zurich Insurance Group

Chronik 2002 bis 2012

Die nachfolgende Chronik der Jahre 2002 bis 2012 fasst die bedeutendsten wirtschaftlichen, politischen und gesellschaftlichen Ereignisse in der Welt, Deutschland und der Deutschen Bank zusammen. Auch wenn kein Anspruch auf Vollständigkeit besteht, so prägten jene Ereignisse das Denken und Handeln der Menschen in der ersten und beginnenden zweiten Dekade des 21. Jahrhunderts. Die Chronik möchte den Geschehnissen inner- und außerhalb der Deutschen Bank zur Zeit Josef Ackermanns einen Rahmen geben.

2002

Welt:

Januar:	Einführung des Euro, 320 Millionen Europäer in 12 Ländern nutzen nun die Gemeinschaftswährung
Januar:	US-Präsident George W. Bush identifiziert in seiner Rede zur Lage der Nation Nordkorea, Irak und Iran als „Achse des Bösen“
Februar:	Prozessbeginn gegen Slobodan Milosevic in Den Haag
Februar:	Der Schweizer ABB-Konzern gibt erstmals einen Verlust von 1,2 Milliarden Franken bekannt
März:	US-Truppen beginnen in Afghanistan eine militärische Großoffensive gegen die Al-Qaida
Mai:	Wiederwahl des französischen Präsidenten Jacques Chirac mit 82 Prozent
Mai:	Offizielles Ende der Bergungsarbeiten am New Yorker Ground Zero
Juni:	Hamid Karsai wird Präsident in Afghanistan
Juni:	Weltmeisterschaft in Japan und Südkorea: Brasilien wird Weltmeister, Deutschland Zweiter

Juli:	Insolvenzantrag der US-Telefongesellschaft Worldcom, anschließende Entdeckung von Fehlbuchungen lösen Börsenskandal aus
September:	Schweiz wird 190. Mitglied der UNO
Oktober:	Schröder und Chirac einigen sich auf gemeinsame Haltung zum Irak-Konflikt

Deutschland:

Januar:	Der im Bundestag beschlossene Atomkonsens sieht das Abschalten des letzten deutschen Atomkraftwerks im Jahr 2021 vor
April:	Insolvenzantrag der Kirch Media GmbH & Co. KGaA
April:	Amoklauf in Erfurter Gymnasium mit 17 Toten
August:	Elbhochwasser/Jahrhundertflut in Sachsen-Anhalt richtet Schaden von 20 Milliarden Euro an
September:	Bundestagswahl, Gerhard Schröder steht rot-grüner Regierung vor

Deutsche Bank:

Januar:	Reduzierung der Nürnberger Beteiligung auf unter 5 Prozent
Januar:	Einrichtung des Group Executive Committee bestehend aus den fünf Vorstandsmitgliedern (Dr. Rolf-E. Breuer, Dr. Josef Ackermann, Dr. Clemens Börsig, Dr. Tessen von Heydebreck, Hermann-Josef Lamberti) und sieben Leitern der Geschäftsbereiche (Michael Cohrs, Jürgen Fitschen, Anshu Jain, Kevin Parker, Michael Philipp, Ted Virtue, Herbert Walter)
Januar:	Dr. Thomas R. Fischer tritt aus dem Vorstand aus
Februar:	Bundesverdienstkreuz für Hilmar Kopper
März:	Übernahme der führenden US-Immobilien-Anlage-Gesellschaft RREEF

März:	Michael Philipp verlässt das Group Executive Committee, Tom Hughes und Pierre de Weck werden neue Mitglieder
April:	Übernahme des US-Asset Managers Zurich Scudder Investments abgeschlossen
Mai:	Josef Ackermann wird Vorstandssprecher und Chairman des Group Executive Committee, Rolf-E. Breuer wird Aufsichtsratsvorsitzender
Juni:	Bekanntgabe der Entlassung von 14.000 Mitarbeitern
Juni:	Start des Aktienrückkaufprogramms
Juni:	Hauptsponsor der Berliner Philharmoniker
Juni:	Veräußerung der restlichen Beteiligungen an der Münchener Rückversicherungs-Gesellschaft
Oktober:	Beteiligung von 40 Prozent an der Axel Springer Verlag AG
Oktober:	Veräußerungen der Beteiligungen an der Deutschen Börse AG
November:	Verkauf von Deutsche Financial Services (DFS) an GE Commercial Finance
November:	Veräußerung von Beteiligung an Continental AG

2003

Welt:

Januar:	40-jähriges Jubiläum des Élysée-Vertrags
Februar:	Das erste Klonschaf der Welt, Dolly, stirbt nach sechs Jahren kurzer Lebenszeit
März:	Beginn des Irak-Kriegs mit Einmarsch amerikanischer und britischer Soldaten
April:	Entzifferung der DNS
Juni:	50-jähriges Kronjubiläum von Queen Elisabeth II
Juli:	Letzter VW-Käfer wird im mexikanischen Puebla produziert
Oktober:	Arnold Schwarzenegger wird zum republikanischen Gouverneur von Kalifornien gewählt
November:	Letzter Flug der Concorde
Dezember:	Konkurs der Schweizer Erb-Gruppe
Dezember:	Saddam Husseins Festnahme nahe seiner Heimatstadt Tikrit

Deutschland:

Januar:	Zweijährige deutsche Mitgliedschaft im UN-Sicherheitsrat beginnt
Januar:	Einführung des Dosenpfands
März:	Schröder präsentiert im Bundestag die „Agenda 2010"
Juni:	Selbstmord des früheren FDP-Politikers Jürgen W. Möllemann
November:	Stilllegung des niedersächsischen Atomreaktors in Stade

Deutsche Bank:

Januar:	Verlegung des New Yorker Hauptsitzes in die 60 Wall Street
Januar:	Schaffung des Geschäftsbereiches Private Wealth Management (PWM)
Januar:	Veräußerung der Buderus-Beteiligung

Februar:	Erwerb der Schweizer Privatbank Rüd, Blass & Cie von Zurich Financial Services
März:	Verkauf der Anteile an Phoenix, Heidelberg-Cement und Gerling-Konzern
April:	Abschluss des Aktienrückkaufprogramms
August:	Einführung des Slogans „Passion to perform"/ „Leistung aus Leidenschaft"
Oktober:	Verkauf der Beteiligungen an Axel Springer AG
November:	Erwerb einer 40-prozentigen Beteiligung an der russischen Investmentbank United Financial Group (UFG), Abschluss 2006
Dezember:	Gründung der Deutsche Bank Asia Foundation
Dezember:	Bank of the Year durch International Financing Review

2004

Welt:

Januar:	Eröffnung des Weltsozialforums in Bombay mit mehr als 100.000 Teilnehmern von Nichtregierungsorganisationen
März:	Zuganschläge in Madrid mit 190 Toten und 1.500 Verletzten durch eine Al-Qaida nahestehende Terrorgruppe
März:	Wiederwahl des russischen Präsidenten Wladimir W. Putin
Mai:	Zehn neue Mitglieder treten der Europäischen Union bei
Juni:	Saddam Hussein wird der irakischen Justiz übergeben
September:	Tschetschenische Terroristen nehmen in einer Schule in Beslan über 1.200 Personen in Geiselhaft
November:	George W. Bush wird als Präsident der Vereinigten Staaten wiedergewählt
November:	Theo van Gogh wird in den Niederlanden von einem Islamisten erschossen
November:	Tod des Palästinenserpräsidenten Jassir Arafat
Dezember:	Erdbeben der Stärke 9,3 im Indischen Ozean löst Tsunami in Südostasien mit 300.000 Toten aus

Deutschland:

Januar:	Einführung der Praxisgebühr von 10 Euro pro Quartal
April:	Bundesbankchef Welteke tritt zurück
Juni:	Neuer Ausbildungspakt zwischen Bundesregierung und Wirtschaftsverbänden will 30.000 Lehrstellen pro Jahr zusichern
Juli:	Vereidigung Horst Köhlers als neuer Bundespräsident
Juli:	Das Dresdner Elbtal wird Weltkulturerbe der UNESCO

August:	Olympische Spiele in Athen
September:	Ein Feuer in der Herzogin Anna Amalia Bibliothek in Dresden zerstört über 100.000 Bücher
September:	Der 156 Milliarden Euro schwere Solidarpakt II soll den Aufbau-Ost in den nächsten 15 Jahren sichern
Dezember:	Sanierungsplan bei Opel mit dem Abbau von knapp einem Drittel der deutschen Arbeitsplätze in den kommenden zwei Jahren

Deutsche Bank:

Februar:	Gewinn nach Steuern bei 1,4 Milliarde Euro im Jahr 2003
April:	Kooperation mit der Postbank bei Abwicklung des inländischen und Teile des ausländischen Zahlungsverkehrs
Mai:	Partnerschaft mit Barclays bei Corporate Cash Management
Juli:	Freispruch aller sechs Angeklagten im Mannesmann-Prozess
August:	Übernahme der Assets von Berkshire Mortgage Finance
September:	Änderung der Zuständigkeiten im Group Executive Committee: Michael Cohrs und Anshu Jain leiten den Bereich Corporate and Investment Bank, Kevin Parker, Pierre de Weck und Rainer Neske das Private Clients and Asset Management, Jürgen Fitschen wird Head of Regional Management worldwide
November:	Eröffnung einer Filiale in Peking
Dezember:	Verkauf von 109 Immobilien an Eurocastle Investment

2005

Welt:	
Januar:	Vorstellung des weltweit größten Passagierflugzeugs Airbus A380 in Toulouse
Februar:	Inkrafttreten des Klimaschutzabkommens von Kyoto zur Verringerung von Treibhausgasen bis 2012 um 5,2 Prozent
März:	Höchststand für Rohölpreis nach über 20 Jahren: 47 Dollar für ein Barrel
März:	Paul Wolfowitz (US-Vizeverteidigungsminister) wird neuer Chef der Weltbank
April:	Tod von Papst Johannes Paul II., der deutsche Kardinal Joseph Ratzinger wird sein Nachfolger Benedikt XVI.
Juni:	G8-Finanzminister einigen sich auf Schuldenerlass für die ärmsten Länder der Welt
Juli:	Beitritt der Schweiz zum Schengen-Abkommen
Juli:	Selbstmordanschläge in Londoner U-Bahn mit 50 Toten
Juli:	Die irische Untergrundorganisation IRA erklärt nach 36 Jahren bewaffnetem Kampf ihren Gewaltverzicht
August:	Hurrikan Katrina trifft die amerikanische Golfküste
Oktober:	Schweres Erdbeben in Pakistan, über 3 Millionen Obdachlose
Oktober:	Französische Jugendliche der Vorstädte lösen Gewaltserie aus
Oktober:	H5N1-Virus (Vogelgrippe) breitet sich in Asien aus

Deutschland:	
Januar:	Inkrafttreten der LKW-Maut
Februar:	Arbeitslosenzahl in Deutschland erstmals über 5 Millionen
Februar:	Neuer Tarifvertrag für 2 Millionen Beschäftigte des Öffentlichen Dienstes

Mai:	Einweihung des Berliner Holocaust-Mahnmals des Architekten Peter Eisenman
Juni:	50-jähriges Bestehen der Bundeswehr
Juli:	Gerhard Schröder verliert die Vertrauensfrage im Bundestag
August:	20. Weltjugendtag der katholischen Kirche findet mit 1 Million jungen Menschen in Köln statt
Oktober:	Einweihung der wiedererbauten Dresdener Frauenkirche
September:	Angela Merkel wird erste deutsche Bundeskanzlerin in der Großen Koalition

Deutsche Bank:

Januar:	Erwerb des deutschen Vermögensverwalter Wilhelm von Finck
Januar:	Zusammenführung der Deutsche Bank Stiftung Alfred Herrhausen Hilfe zur Selbsthilfe und der Kultur-Stiftung der Deutschen Bank zur Deutsche Bank Stiftung
Februar:	Gewinn vor Steuern für 2004 bei 4,1 Milliarden Euro
Februar:	Abbau von 6.400 Stellen
März:	Verkauf restlicher Beteiligungen an Südzucker
März:	Erwerb von 19,5-prozentigen Beteiligung an dem chinesischen Vermögensverwalter Harvest Fund Management
April:	Vollständige Übernahme des türkischen Brokerhauses Bender Securities
April:	Verlängerung des Sponsorenvertrags mit den Berliner Philharmonikern bis 2010
Juli:	Reduzierung der Daimler-Chrysler-Beteiligung auf 6,9 Prozent, weitere Reduzierungen folgen im November
September:	Eröffnung der Deutsche Bank der Zukunft in der Berliner Friedrichstraße

September:	Erste Saison als Sponsor der Skyliners
Oktober:	Beginn der Zusammenarbeit mit der chinesischen Hua Xia Bank
Dezember:	Verkauf von 21,16 Prozent der Beteiligung an Atradius
Dezember:	125 Jahre Deutsche-Bank-Aktie an der Frankfurter Börse

2006

Welt:	
Februar:	Rekordgewinne bei UBS und Credit Suisse Group für 2005
März:	Slobodan Milosevic stirbt im Den Haager Gefängnis an Herzversagen
Mai:	Die weltweit größte Wasserkraftanlage „Drei-Schluchten-Damm“ wird in China fertiggestellt
Mai:	Unabhängigkeitserklärung des Kosovo
Juni:	Fußballweltmeisterschaft in Deutschland
Juli:	Luft- und Bodenangriff Israels auf den Libanon
Juli:	Erste freie Parlaments- und Präsidentschaftswahlen im Kongo seit 40 Jahren
November:	Verurteilung und Hinrichtung des Ex-Diktators Saddam Hussein in Bagdad
Dezember:	Vereidigung des neuen UN-Generalsekretärs Ban Ki-moon

Deutschland:	
Januar:	Dacheinsturz einer Eis- und Schwimmhalle im bayrischen Bad Reichenhall
Februar:	Kabinettsbeschluss, das Rentenalter bis 2029 von 65 auf 67 anzuheben
Februar:	Vogelgrippevirus H5N1 auf Rügen entdeckt
Mai:	Eröffnung des neuen Berliner Hauptbahnhofs
Juni:	Bundeswehr übernimmt in Nordafghanistan Kommando über UN-Schutztruppe ISAF
Juli:	Thomas Reiter erster Deutscher in US-Raumfähre Discovery
Juli:	Eröffnung des UN-Campus in Bonn
August:	Verbindliches Inkrafttreten der Rechtschreibreform
September:	Inkrafttreten der Föderalismusreform

Deutsche Bank:

Januar:	Bekanntgabe des Joint Ventures mit Key Capital in Irland
Januar:	Übernahme des Depository & Clearing Centre von JP Morgan
Februar:	Ergebnis für 2005 liegt vor Steuern bei 6,4 Milliarden Euro
Februar:	Verlängerung der Vorstandsverträge von Ackermann und von Heydebreck und Berufung Ackermanns zum Vorstandsvorsitzenden
März:	Unterstützung der Max-Beckmann-Ausstellung in der Frankfurter Schirn
März:	Filialeröffnung in Dubai International Financial Centre in den Vereinigten Arabischen Emiraten
April:	Filialeröffnung in Riad
Mai:	Anthony Di Iorio und Hugo Bänziger werden Vorstandsmitglieder, Clemens Börsig folgt Rolf-E. Breuer als Aufsichtsratsvorsitzender
Juni:	Kauf der Berliner Bank für 680 Millionen Euro: 119 Filialen und 770.000 Kunden
August:	Erwerb der Norisbank für 420 Millionen Euro: 98 neue Filialstandorte und 334.000 Kunden
Oktober:	Erwerb des britischen Vermögensverwalter Tilney Group
Oktober:	Start der Phase 3 der Managementagenda
November:	Einstellung des Mannesmann-Verfahrens

2007

Welt:

Mai:	Nicolas Sarkozy gewinnt die französische Präsidentschaftswahl
Mai:	Rücktritt des britischen Premiers Tony Blair, Gordon Brown ist sein Nachfolger
Mai:	Robert Zoellick wird Nachfolger des Weltbankchefs Paul Wolfowitz
August:	Drastische Kursverluste auf den Aktienmärkten, die EZB und weitere Notenbanken stellen zur Vermeidung von Engpässen bei der Geldversorgung kurzfristig über 100 Milliarden Euro bereit
September:	Niederschlagung friedlicher Proteste der Mönche und Bürger durch das Militärregime in Myanmar
September:	Nestlé erwirbt US-Ketchuphersteller Heinz
November:	Unruhe und Krawalle durch französische Jugendliche in den Vorstädten
Dezember:	Chávez und Kirchner gründen südamerikanische Entwicklungsbank Banco del Sur
Dezember:	Polen und Tschechien treten dem Schengen-Raum bei

Deutschland:

Januar:	Erhöhung der Mehrwertsteuer von 16 auf 19 Prozent
Januar:	Orkantief Kyrill bringt Deutschland und Europa Zerstörung
April:	Inkrafttreten der Gesundheitsreform (viele Änderungen erst ab 2009 wirksam)
Juni:	G8-Gipfel in Heiligendamm
August:	Verkauf der angeschlagenen Sachsen LB an die Landesbank Baden-Württemberg
September:	Rauchverbot in deutschen Bundesbehörden, Bussen und Bahnen
Oktober:	Auszeichnung von Eliteuniversitäten in Freiburg, Göttingen, Heidelberg, Konstanz, Berlin und Aachen

Oktober:	Wiedereröffnung der Herzogin Anna Amalia Bibliothek in Weimar
Dezember:	Ende des Briefmonopols der Deutschen Post

Deutsche Bank:

Januar:	Start von Exchange Traded Funds (ETFs) „db x-trackers“
Januar:	Erwerbsabschluss der Berliner Bank und MortageIT Holdings
Februar:	Gewinn vor Steuern liegt im Jahr 2006 bei 8,1 Milliarden Euro
Februar:	Kooperation mit Danske Bank im Cash Management
Februar:	Vereinbarung zu Erwerb von bis 20 Prozent an vietnamesischer Habubank
April:	50-jähriges Jubiläum der Wiedervereinigung der Deutschen Bank
April:	Vertriebskooperation mit Rossmann
Mai:	Zehnjähriges Jubiläum des Deutsche Guggenheim Museums
Mai:	Dr. Tessen von Heydebreck verlässt den Vorstand
Juni:	Ursula von der Leyen überreicht Zertifikat für familienfreundliche Personalpolitik
Juni:	Filialeröffnung in Oslo
Juli:	Übernahme des Custody-Geschäft von Türkiye Garanti Bankasi A.Ş.
Juli:	Erwerb von Abbey Life von Lloyds TSB
November:	American Jewish Committee zeichnet Ackermann aus
November:	Filialeröffnung in Katar
Dezember:	Einweihung der Logo-Skulptur am Flughafen Tegel
Dezember:	Modernisierungsbeginn der Doppeltürme in Frankfurt

2008

Welt:

Januar:	Einführung des Euro auf Malta und Zypern
Januar:	Preis für ein Barrel Rohöl an der New Yorker Börse zum ersten Mal über 100 Dollar
Februar:	Unabhängigkeitserklärung des Kosovo
Februar:	Fidel Castro gibt nach 50 Jahren die Staatsführung an seinen Bruder Raul ab
März:	Dmitrij Medwedjew ist neuer Präsident Russlands, Wladimir Putin neuer Ministerpräsident
Mai:	Schwere Erdbeben in China mit mehr als 70.000 Toten
Juni:	Fußballeuropameisterschaft in Österreich und der Schweiz
August:	Olympische Sommerspiele in China
September:	Insolvenzanmeldung der amerikanischen Investmentbank Lehmann Brothers
September:	Übernahme der Investmentbank Merrill Lynch durch die Bank of America
September:	Zusammenbruch der Sparkasse Washington Mutual
September:	Einbruch der Aktienmärkte, Finanzkrise
Oktober:	UBS benötigt Staatshilfe
Oktober:	Verabschiedung eines 700 Milliarden US-Dollar schweren Rettungspakets in den Vereinigten Staaten
Oktober:	Europäische Staats- und Regierungschefs beschließen provisorischen Schutzschirm für das gesamte Bankensystem mit Einbeziehung zahlungsfähiger Banken
November:	Barack Obama wird 44. Präsident der Vereinigten Staaten

Deutschland:

Januar:	Einführung von Umweltzonen in Berlin, Hannover und Köln

Januar:	Nach fast 30 Jahren erstmals ausgeglichener Haushalt der Bundesrepublik
Februar:	Ermittlungen wegen Steuerhinterziehung gegen Klaus Zumwinkel (Vorstandsvorsitzender der Deutschen Post) und 1.000 weiteren Personen
April:	Mehrheit des Deutschen Bundestages stimmt dem Vertrag von Lissabon zu
Juni:	Schließung des Bochumer Nokia-Werkes und Verlagerung der Produktionsstätte nach Rumänien und Bulgarien
Juli:	Über 5.000 Stellen sollen in Deutschland bei Siemens gestrichen werden
Juli:	Teuerungsrate von 3,3 Prozent in Deutschland mit durchschnittlichem Preisanstieg von 7 Prozent für Energie und Nahrungsmittel
August:	Übernahme der Dresdner Bank durch die Commerzbank
September:	Bundesregierung und andere Banken verhindern Zusammenbruch der Münchener Immobilienbank Hypo Real Estate mit 35 Milliarden Euro teurem Hilfsprogramm
Oktober:	Bundeskanzlerin Angela Merkel garantiert Sicherheit aller privaten Spareinlagen
Oktober:	Finanzmarktstabilisierungsgesetz mit Bürgschaftsvolumen von 500 Milliarden Euro tritt in Kraft
Oktober:	Arbeitslosenrate sinkt auf unter drei Millionen
Oktober:	HRE benötigt als erste Privatbank Unterstützung des Sonderfonds Finanzmarktstabilisierung
November:	Commerzbank nimmt staatlichen Rettungsfonds für Banken in Anspruch und erhält 8,2 Milliarden Euro aus dem Sonderfonds Finanzmarktstabilität (SoFFin) und eine bis 2012 befristete Staatsgarantie in Höhe von 15 Milliarden Euro

November:	800 Milliarden Dollar-Programm der US-Notenbank soll Kreditvergabe für Konsum und Immobilien ankurbeln
Dezember:	Angeschlagene Bayerische Landesbank muss 5.600 Arbeitsplätze bis 2013 abbauen

Deutsche Bank:

Januar:	Erhöhung der Beteiligung an Harvest Fund Management auf 30 Prozent
Februar:	Ergebnis vor Steuern für das Jahr 2007 auf 8,7 Milliarden Euro gestiegen
Februar:	Erwerb des US-Hedgefondsadministrators Hedge-Works, LLC
April:	Stefan Krause tritt in den Vorstand ein
April:	Guggenheim-Ausstellung „Freisteller“
Juni:	Aufbau größter Researcheinheit im Nahen Osten
Juli:	Beste Investmentbank in Deutschland und Westeuropa durch Euromoney
Juli:	Erwerb großer Teile der ABN AMRO für 709 Millionen Euro
Juli:	Eröffnung einer Repräsentanz in St. Petersburg
Juli:	Goethe-Universität in Frankfurt am Main ernennt Josef Ackermann zum Honorarprofessor
Juli:	Gründung der Deutsche Bank Perú
September:	Ankündigung der Übernahme der Postbank
November:	Kreditvolumen für den Mittelstand steigt um 11 Prozent auf 40 Milliarden Euro in 12 Monaten
November:	Geschäftsprozesse bis 2012 CO_2-neutral
November:	Gründung der Deutsche Bank MENA Foundation
Dezember:	S&P senkt Bonitätsnote für Deutsche Bank und zwölf andere Banken in USA und Europa
Dezember:	50-jähriges Jubiläum des Privatkundengeschäfts: 10 Millionen Privatkunden im Heimatmarkt

Dezember:	Die Mitarbeiteranzahl wurde von 2006 bis 2008 kontinuierlich von 74.000 auf 80.000 angehoben
Dezember:	Deutsche Bank Geldmarkt ETF ist größter Exchange Traded Fund in Europa

2009

Welt:

Februar:	US-Kongress beschließt 790 Milliarden Dollar schweres Konjunkturpaket mit Steuererleichterungen und Staatsinvestitionen
Februar:	General Motors kündigt weltweite Streichung von 47.000 Stellen an
Februar:	Saab beantragt Insolvenz
April:	Chrysler stellt in New York Insolvenzantrag und wird im Juni an Fiat verkauft
April:	G-20 Staaten beschließen Konjunkturhilfen von 5 Billionen Dollar bis 2010
Mai:	Tiefste Rezession in Deutschland seit dem Zweiten Weltkrieg
Mai:	Russische Industrieproduktionen sinken mit 16,9 Prozent so tief wie zuletzt vor über zehn Jahren
Juni:	Die WHO erklärt die Schweinegrippe zur Pandemie
Juni:	Tod von Michael Jackson
Juni:	JP Morgan Chase, Morgan Stanley, U.S. Bancorp und BB&T erlangen mit Rückzahlen von Staatshilfen in Millionenhöhe wieder Selbstständigkeit
Juni:	Börsenmakler Madoff erhält von New Yorker Gericht Gefängnisstrafe für 150 Jahre wegen Finanzbetrugs nach dem Schneeballsystem
Juli:	General Motors verlässt nach 40 Tagen die Insolvenz und ist mehrheitlich in Staatsbesitz
September:	G-20 Gipfel in Pittsburgh beschließt Reform des weltweiten Finanzsystems
September:	Europäische Zentralbank hilft Euroraum-Banken mit 75 Milliarden Euro zu 1-prozentigem Zinssatz
Oktober:	115 US-amerikanische Banken sind Pleite gegangen

Deutschland:

Januar:	Staat steigt bei Commerzbank ein, um Übernahme der Allianz-Tochter Dresdner Bank abzusichern

Januar:	Zwei Jahre Haft auf Bewährung für den ehemaligen Post-Chef Klaus Zumwinkel wegen Steuerhinterziehung
Februar:	Insolvenzanträge von Märklin
Februar:	Insolvenzantrag von Schiesser
Februar:	Durch Rettungsübernahmegesetz können angeschlagene Banken notfalls auch enteignet werden
Februar:	Volkswagen führt nach 25 Jahren wieder Kurzarbeit ein
Februar:	787 Milliarden Dollar schweres Konjunkturpaket in den USA soll 3,5 Millionen Arbeitsplätze schaffen
März:	Banco Popolare nimmt als erste italienische Bank Staatshilfe in Anspruch
Mai:	Wiederwahl von Bundespräsident Horst Köhler
Mai:	Seit 1987 zum ersten Mal keine Inflation in Deutschland
Mai:	Rettungskonzept für Opel: Magna steigt ein und Bund gibt Überbrückungskredit
Juni:	Arcandor AG stellt Insolvenzantrag für sich und Tochtergesellschaften Karstadt, Primondo und Quelle
Juli:	Die Aufsichtsräte einigen sich auf Übernahme von Porsche durch Volkswagen
Juli:	Bundestag verabschiedet Bad-Bank-Gesetz
Juli:	Deutsche Firmenpleiten im Juli um 10,4 Prozent im Vorjahr auf 3.046 gestiegen
Oktober:	Abschluss der Verstaatlichung der Hypo Real Estate
Oktober:	Wiederwahl Angela Merkels zur Bundeskanzlerin

Deutsche Bank:

Januar:	Joint Venture mit Shanxi Securities öffnet Zugang zu Wertpapiermarkt in China
Februar:	3,9 Milliarden Euro Nettoverlust nach Steuern in 2008

April:	Anshu Jain, Michael Cohrs, Rainer Neske und Jürgen Fitschen sind neue Vorstandsmitglieder
April:	Werner Steinmüller und Seth Waugh werden ins Group Executive Committee aufgenommen
Mai:	Verlängerung des Sponsoringvertrages mit den Berliner Philharmonikern bis 2015
Juni:	Nummer 1 für US-notierte Asien-Aktien
Juli:	Aufsichtsrat verlängert Ackermanns Mandat als Vorsitzender des Vorstandes bis 2013
Juli:	Ackermann warnt vor Protektionismus der einzelnen Staaten in der Finanzkrise
Juli:	Bester Prime Broker laut Umfrage des Global Custodian unter 2.000 Hedgefonds
Juli:	Euromoney zeichnet Ackermanns Lebenswerk aus
Juli:	Aufsichtsrat verlängert Ackermanns Vertrag als Vorsitzender des Vorstandes bis 2013
August:	Deutsche Bank und Helaba arrangieren 250 Millionen Euro Schuldscheindarlehen für HEAG Südhessische Energie AG
August:	Bestätigung über Gespräche zu strategischer Partnerschaft mit der Sal. Oppenheim-Gruppe
September:	Deutsche Bank und KfW vereinbaren Globaldarlehen in Höhe von 1 Milliarde Euro für mittelständische Unternehmen
September:	Marktführer bei Euro-Unternehmensanleihen mit Marktanteil von 10,1 Prozent
Oktober:	Rahmenvertrag mit Sal. Oppenheim über Erwerb von 100 Prozent für 1 Milliarde Euro
Dezember:	Vereinbarung zum Kauf eines Teils von ABN AMRO zu 700 Millionen Euro
Dezember:	Start der Phase 4 der Managementagenda

2010

Welt:

Januar:	Erdbeben in Haiti mit 230.000 Toten
Januar:	Vorstellung des iPads
Januar:	Arbeitslosenquote der Eurozone steigt auf 10 Prozent
Februar:	EU-Kommission stellt griechischen Haushalt unter EU-Aufsicht
Februar:	Europäisches Parlament stimmt gegen das SWIFT-Abkommen zwischen der EU und den USA
März:	Rettungsplan der Euro-Länder für Griechenland durch 30 Milliarden Euro Kredite
März:	Ausbruch des isländischen Vulkans Eyjafjallajökull legt Flugverkehr in Europa lahm
März:	Obama setzt Gesundheitsreform in Kraft
April:	Polens Präsident Lech Kaczynski und fast 100 weitere Führungspersönlichkeiten sterben bei Flugzeugabsturz bei Smolensk
April:	Griechenland erhält Zusage von EU und IWF für Finanzhilfe in Höhe von 45 Milliarden Euro
April:	Mit Bohrinselbrand im Golf von Mexiko beginnt eine Ölkatastrophe
April:	Erste Bad Bank WestLB lagert riskante Papiere im Wert von 71 Milliarden Euro aus
Mai:	EU-Länder gewähren Griechenland Kredite in Höhe von 80 Milliarden Euro über die nächsten drei Jahre, 30 Milliarden weitere Euro kommen vom IWF
Mai:	David Cameron ist neuer Premierminister Großbritanniens
Mai:	EU beschließt 750-Milliarden Euro schweres Rettungspaket für Krisenländer des Euro
Juli:	Reform der US-Finanzmarktregeln: Übernahmemöglichkeit von Banken durch die Regierung zur geordneten Abwicklung der Insolvenz
Juli:	84 von 91 Banken bestehen europaweiten Härtetest, die verstaatlichte deutsche Hypo Real Estate nicht

Juli:	IWF will zur Krisenvorbeugung Ressourcen für Kredite auf eine Billion Dollar aufstocken
Oktober:	Nach 70 Tagen Rettung von 33 chilenischen Bergleuten
November:	Internetplattform WikiLeaks veröffentlicht geheime US-Dokumente
November:	Irland beantragt Finanzhilfen aus dem Euro-Rettungsschirm und bekommt 85 Milliarden Euro bewilligt

Deutschland:

Februar:	Bundesverfassungsgericht fordert Neuberechnung der Hartz-IV-Regelsätze
März:	Als erstes Dax-Unternehmen führt die Deutsche Telekom eine Management-Frauenquote von 30 Prozent bis 2015 ein
Mai:	Lena Meyer-Landrut gewinnt mit „Satellite" den Eurovision Song Contest in Oslo
Mai:	Deutsche Verbraucher sparen im 1. Quartal 11,6 Prozent ihres Einkommens, so viel wie seit 1993 nicht mehr
Juni:	Christian Wulff wird neuer Bundespräsident
Juni:	Bundesregierung will bis 2014 insgesamt 80 Milliarden Euro sparen
Juni:	General Motors zieht Bürgschaftsanträge für Opel zurück und will Sanierung eigenständig durchführen
Juli:	Massenpanik und Tote bei Loveparade in Dortmund
Juli:	EU verordnet 30 Prozent-Grenze für Banker-Boni ab 2011
August:	Ausstieg aus dem Atomausstieg, bis 2035 kann in Deutschland Atomenergie betrieben werden
August:	Thilo Sarrazins Buch „Deutschland schafft sich ab" löst Debatte über Integration in Deutschland aus

September:	Karstadt ist durch Privatinvestor Nicolas Berggruen gerettet
Oktober:	Niedrigste Arbeitslosenquote seit 18 Jahren knapp unter 3 Millionen Menschen
November:	Google StreetView startet in Deutschland

Deutsche Bank:

Januar:	4 Millionen Dollar Hilfe für Haiti
Februar:	5 Milliarden Euro Gewinn nach Steuern für 2009
Februar:	Filialeröffnung in Abu Dhabi
März:	Beteiligung an neuseeländischer Craigs Investment Partners
April:	Asset Management gründet unter dem Namen DB Private Equities neues Private Equity-Dachfondsgeschäft
Mai:	Business Leadership Award des Atlantic Council an Ackermann verliehen
Mai:	Erhöhung der Beteiligung an chinesischer Hua Xia Bank auf 19,99 Prozent
Juni:	Anshu Jain übernimmt alleinige Führung des Bereichs Corporate and Investment Bank
Juni:	Trotz Krise liegen Ausgaben für gemeinnützige Zwecke weiterhin bei über 80 Millionen Euro jährlich
Juli:	Weltweite beste Investmentbank und beste Bank in Deutschland laut Euromoney
Juli:	Frankfurter Finanzjournalisten „Group of 20+1" küren Ackermann zum „European Banker of the Year 2009'"
September:	Beschluss des Übernahmeangebots für Postbank
September:	Unterstützung der Flutopfer in Pakistan mit 500.000 Euro
Dezember:	Bank des Jahres, verliehen durch International Financing Review

2011

Welt:

März:	Kernschmelze im AKW Fukushima, Infrastrukturschäden von über 300 Milliarden Dollar
Mai:	Osama Bin Laden wird nach zehnjähriger Suche von US-Soldaten gefunden und erschossen
Mai:	USA erreichen gesetzlich erlaubte Schuldengrenze von 14,3 Billionen Dollar
Juli:	Christine Lagarde wird neue IWF-Direktorin
Juli:	Axel Weber wird zum neuen Verwaltungsratspräsidenten der UBS gewählt
Juli:	Zweites Rettungspaket für Griechenland: 109 Milliarden Euro von Euro-Staaten und 50 Milliarden Euro von Banken, Versicherungen und privaten Gläubigern
August:	Soziale Unruhen in England
August:	Höchstkurse für Goldpreis bei 1.800 Dollar pro Feinunze
September:	Occupy-Bewegung findet in New York und der ganzen Welt immer mehr Anhänger
Oktober:	Der libysche Diktator Muammar al-Gaddafi ist tot
September:	HSBC-Chairman Douglas Flint übernimmt ab Juni 2012 von Ackermann Vorstandsvorsitz des IIF
September:	Bundestag beschließt Aufstockung des Euro-Rettungsschirms für Krisenländer um rund 88 auf 211 Milliarden Euro
Oktober:	EU-Einigung auf Schuldenschnitt von 50 Prozent für Griechenland
November:	Mario Draghi löst Jean-Claude Trichet als Präsident der EZB ab

Deutschland:

Januar:	Säuretanker „Waldhof" kentert an der Loreley, Rhein bleibt tagelang für den Schiffsverkehr gesperrt
Februar:	Aberkennung des Doktortitels des Verteidigungsminister Karl-Theodor zu Guttenberg aus Plagiatsgründen

April:	Schulden von Bund, Ländern, Gemeinden und Sozialversicherungen steigen 2010 auf 2 Billionen Euro
Mai:	EHEC-Erreger aufgrund von infiziertem Bockshornklee
November:	Entdeckung einer jahrelang agierenden rechten Terrorgruppe
November:	Volksabstimmung ebnet Weg für Stuttgart 21

Deutsche Bank:

Januar:	Schaffung eines internationalen Zentrums für Risikomanagement in Berlin
Januar:	Auszeichnung als Derivate-Haus des Jahres durch Risk
Januar:	Bank des Jahres 2010 durch International Financing Review
Februar:	2,3 Milliarden Euro Gewinn nach Steuern für 2010
Februar:	Festliche Wiedereröffnung der Deutsche-Bank-Türme
März:	Verkauf der Doppeltürme an DWS-Fonds für 600 Millionen Euro
April:	Eröffnung des BrandSpace in Frankfurt
April:	Weltweit zweitbestes Logo aller Zeiten, gewählt durch Creative Review
April:	Ausstellungseröffnung „Yto Barrade: Riffs" des Deutschen Guggenheim Museums
Mai:	Fast 100 Millionen Euro für CSR-Projekte in 2010
Juni:	20-jähriges Jubiläum der Historischen Gesellschaft
Juli:	Best Global Bank 2011 durch Euromoney
Juli:	Josef Ackermann wird mit der Hauptversammlung 2012 aus dem Vorstand und GEC aussscheiden. Seine Nachfolger werden Jürgen Fitschen und Anshu Jain.
Juli:	Bestehen des Stresstests der Europäischen Bankenaufsichtsbehörde mit Eigenkapitalquote von 8 Prozent
Oktober:	Zehnjähriges Jubiläum der Notierung an der NYSE
November:	Erhöhung des Anteils an Deutsche UFG Capital Management auf 100 Prozent

2012

Welt:

Januar:	Kreuzfahrtschiff Costa Concordia läuft vor der italienischen Insel Giglio auf Grund
Januar:	Sarkozy kündigt die Einführung einer Finanzmarktsteuer für Frankreich noch für 2012 an
März:	25 EU-Staaten beschließen Fiskalpakt
März:	Wladimir Putin wird neuer Präsident in Russland
März:	Athener Parlament stellt Angebot über Schuldenschnitt von 53,5 Prozent

Deutschland:

Januar:	Schlecker kündigt Insolvenz an
Februar:	Bundespräsident Wulff kündigt seinen Rücktritt an
März:	Joachim Gauck wird als neuer Bundespräsident vereidigt

Deutsche Bank:

Februar:	Gewinn für 2011 liegt bei 5,4 Milliarden Euro vor Steuern
Februar:	Ablehnung des außergerichtlichen Vergleichs mit der Kirch-Gruppe
Februar:	Erhöhung des Anteils an der Postbank auf 93,7 Prozent
Februar:	600 Kunstwerke der Deutschen Bank im neuen Frankfurter Städel
Februar:	Auszeichnung als „Best Private Bank in Germany" im PWM durch die Zeitschrift Euromoney
Februar:	Seth Waugh tritt als CEO von Deutsche Bank America zurück
Mai:	Hugo Bänziger und Hermann-Josef Lamberti treten aus dem Vorstand aus
Mai:	Clemens Börsig, Maurice Lévy und Theo Siegert scheiden aus dem Aufsichtsrat aus

Juni:	Anshu Jain und Jürgen Fitschen übernehmen von Josef Ackermann den Vorsitz des Vorstandes
Juni:	Paul Achleitner wird Aufsichtsratsvorsitzender
Juni:	Stephan Leithner, Stuart Lewis und Henry Ritchotte sind neue Vorstandsmitglieder
Juni:	Das Group Executive Committee wird von 12 auf 18 Mitglieder erweitert: Jürgen Fitschen, Anshu Jain, Stefan Krause, Rainer Neske, Stephan Leithner, Stuart Lewis, Henry Ritchotte, Gunit Chadha, Alan Cloete, Michele Faissola, Colin Fan, David Folkerts-Landau, Colin Grassie, Robert Rankin, Christian Ricken, Werner Steinmüller, Richard Walker und der neu zu benennende CEO für Amerika
Juni:	Thorsten Strauß wird neuer Global Head of Communications & CSR
Juli:	Marc Heß als neuer CFO Private & Business Clients tätig

Abkürzungsverzeichnis

ACF	Appeal of Conscience Foundation
AHG	Alfred Herrhausen Gesellschaft für internationalen Dialog
AICGS	American Institute for Contemporary German Studies
AIG	American International Group
BASF	Badische Anilin & Soda Fabrik
BGH	Bundesgerichtshof
CBRC	China Banking Regulatory Commission
CDO	Collateralized Debt Obligations
CEO	Chief Executive Officer
CIB	Corporate and Investment Bank
DAX	Deutscher Aktienindex
DeAM	Deutsche Asset Management
DFS	Deutsche Financial Services
EBA	Europäische Bankenaufsichtsbehörde
ETF	Exchange Traded Funds
EU	Europäische Union
FHA	Federal Housing Administration
GTB	Global Transaction Banking
GTF	Global Trade Finance
HRE	Hypo Real Estate
HSG	Universität St. Gallen
ICBC	Industrial and Commercial Bank of China
IFR	International Financing Review
IIF	Institute of International Finance
IWF	Internationaler Währungsfond
KfW	Kreditanstalt für Wiederaufbau
NYSE	New York Stock Exchange
PBC	Private & Business Clients
PCAM	Private Clients and Asset Management
PEACE	Poverty Eradication and Community Empowerment
PWM	Private Wealth Management
SEC	Securities and Exchange Commission

SKA	Schweizerische Kreditanstalt
SoFFin	Sonderfonds Finanzmarktstabilisierung
UFG	United Financial Group
UNESCO	United Nations Educational Scientific and Cultural Organization
USA	Vereinigte Staaten von Amerika

Literatur

Adorno, Theodor W.: Einleitung in die Soziologie (1968), Hrsg. von Christoph Gödde, Suhrkamp, Frankfurt am Main 2003

Cicero, Marcus Tullius: Vom pflichtgemäßen Handeln. (De officiis), übersetzt und erläutert von Karl Atzert, Wilhelm Goldmann Verlag, München 1959

Gall, Lothar u. a.: Die Deutsche Bank von 1870–1995, C.H. Beck, München 1995

Goethe, Johann Wolfgang: Faust. Der Tragödie Erster Teil, Philipp Reclam jun., Stuttgart 2000

Goethe, Johann Wolfgang: Faust. Der Tragödie Zweiter Teil, Philipp Reclam jun., Stuttgart 2001

Hastedt, Heiner: Gibt es Grenzen der Toleranz? Zur Verteidigung von Freiheit und Pluralismus, in: Herbert Schnädelbach, Heiner Hastedt, Geert Keil (Hrsg.): Was können wir wissen, was sollen wir tun? Rowohlt Taschenbuch Verlag, Reinbek bei Hamburg 2009, S. 89 bis 106, vgl. auch ders. ebenda S. 190 bis 209

Historische Gesellschaft der Deutschen Bank: Deutsche Bank 1870–2010, Piper 2011

Müller, Leo: Ackermanns Welt. Ein Tatsachenbericht, Rowohlt Verlag, Reinbek bei Hamburg 2006

Nolmans, Erik: Josef Ackermann und die Deutsche Bank: Anatomie eines Aufstiegs, OrellFuessli, Zürich 2. Auflage 2006

Pohl, Manfred: Konzentration im deutschen Bankwesen (1848–1990), Fritz Knapp Verlag, Frankfurt am Main 1982

Pohl, Manfred: Merger of Equals. Einer ist immer gleicher, Piper, München 2004

Schopenhauer, Arthur: Aphorismen zur Lebensweisheit, Atlas-Verlag, Köln 1948

Geschäftsberichte der Deutschen Bank von 1996 bis 2010

Forum von 2002 bis 2012

Urteile im Mannesmann-Prozess:

Landgericht Düsseldorf, XIV 5/03, Urteil vom 22.07.2004

Bundesgerichtshof, 3 StR 470/04, Urteil vom 21.12.2005

Landgericht Düsseldorf, Pressemitteilung Nr. 09/2006, „Mannesmann-Verfahren vorläufig eingestellt"

Landgericht Düsseldorf, Pressemitteilung Nr. 01/2007, „Verteilung der Geldauflagen des „Mannesmann-Verfahrens"

Zeitungen und Zeitschriften, 1997 bis März 2012, eine Auswahl:

Neue Zürcher Zeitung, von Juli 1998 bis März 2012, u. a.:

08.07.1998	IMF-Rezepturen ...
22.09.2000	Des Seiteneinsteigers Klimmzug
26.06.2002	Deutsche Bank in ...
02.08.2002	Quartalsgewinn
24.02.2003	Bad Bank
29.09.2004	Wie europäische Banken ...
03.10.2004	Erst gelobt – jetzt Reizfigur
07.02.2005	Kritische Deutsche Bank
24.11.2005	Schweizer Banken
28.02.2010	Ackermann/Papandreou
21.08.2011	Swissair-Liquidator
15.11.2011	Ackermann verzichtet

Bild am Sonntag, u. a.:

17.04.2005	Heuschrecken
19.10.2008	Das Interview
16.10.2011	So viele Schulden

Financial Times Deutschland, September 2000 bis März 2012, u. a.:

22.09.2000	Ackermann als Breuer-Nachfolger
18.01.2002	Der Allmächtige
21.11.2002	Der Riese baut um
22.01.2004	Ackermanns Alptraum
20.01.2005	Rasche Fusion

04.02.2005 Leistung ohne Leidenschaft
19.05.2005 Ackermann greift SPD an
30.07.2007 Hut ab, Herr Ackermann
14.12.2007 Die Verschwörung
27.03.2008 Deutsche Bank
22.10.2008 V wie verloren
04.07.2011 Börsig vs. Ackermann
15.11.2011 Ackermann gibt auf

Frankfurter Allgemeine Zeitung (F.A.Z.), September 2000 bis März 2012, u. a.:

22.09.2000 Josef Ackermann ...
24.02.2003 Keine Staatshilfe
21.08.2003 Koch bekräftigt ...
06.02.2004 Ringen mit dem Ruf
20.01.2005 Werben um die Gunst ...
04.02.2005 Das Gefühl, eine Aufgabe ...
20.12.2005 Rücktritt nicht ausgeschlossen
02.02.2007 Er kann die Deutsche Bank ...
20.03.2008 Bundesbank sieht ...
01.02.2010 Amerikas Bankenrettung
18.05.2010 Ackermann warnt ...
20.05.2011 Victory-Zeichen
01.10.2011 Stabilere Finanzmärkte
05.11.2011 Verfassungsdebatte
03.02.2012 Schuldenkrise verpatzt ...

Die Zeit, u. a.:

21.12.2005 Mensch, Ackermann
14.12.2006 Aufsichtsräte
08.04.2007 Die Einbürgerung ...
24.07.2008 Stunde der Regulierer
03.12.2009 Ackermanns Planet
14.07.2011 Ackermanns Erben
28.07.2011 Fehlbesetzung
01.09.2011 Der Unfassbare
17.11.2011 The Joe go on

Bild-Zeitung, Januar 2003 bis März 2012, u. a.:

17.01.2003	Ackermann vergaß Frankfurt (Bild Frankfurt)
27.09.2004	Staatsanwaltschaft ermittelt gegen Breuer
30.09.2004	Deutsche Bank (Bild Frankfurt)
04.11.2004	Ackermann sagt ja zu Frankfurt
09.02.2005	SPD-Politiker fordern Boykott
04.02.2005	Josef Strahlemann
19.01.2006	500 mal mehr
07.02.2008	Hier gratulieren ...
16.01.2009	Das Gesicht der deutschen Wirtschaft
15.10.2011	Neue Eiszeit
15.11.2011	Banker steigt aus

Süddeutsche Zeitung, April 2000 bis März 2012, u. a.:

12.04.2000	Im Profil
22.09.2000	Diplomatisch ...
30.11.2004	Das Zitat
02.02.2005	Deutsche Bank vor ...
11.02.2005	Ackermann setzt zur Verteidigung aus
12.02.2005	Buhmann Ackermann
04.04.2006	Alles auf Ackermann
14.04.2008	Ackermann räumt Mitschuld ...
22.10.2008	Gewinnen wollen ...
28.04.2009	Ackermanns Maßstab
18.12.2009	Der Machthaber
05.05.2010	Ackermanns normale Zeiten
19.02.2010	Reden wir über Geld
16.07.2011	Ära, wem Ära gebührt
15.11.2011	Abgang des Schweizers

Bloomberg-Ticker, u. a.:

28.01.2003	Ackermann sees better basis
01.09.2011	Gegen Euroland-Bonds (Bloomberg Business News)

Welt am Sonntag, August 2002 bis März 2012, u. a.:

04.08.2002	Gute Zahlen, ...
22.05.2011	Das Finale

05.06.2011	Josef Ackermann
31.07.2011	Chronik Machtkampf
20.11.2011	Erfolge, Erfolge, Erfolge

Financial Times, Juni 1997 bis März 2012, u. a.:

27.06.1997	German banks feel the pull of Asia
25.10.1999	Fight back ...
22.09.2000	Deutsche Bank names ...
10.01.2001	Greatness almost ...
16.09.2004	Back to business
15.11.2011	Ackermann's departure

Handelsblatt, Februar 1999 bis März 2012, u. a.:

05.02.1999	Low Key Joe ...
16.07.1999	Comeback-Versuch
15.05.2000	Die Spitzenverdiener
04.08.2000	Ein Mann mit eisernem Willen
22.09.2000	Auf dem Weg ...
26.04.2002	Deutsche Bank 24 ...
23.12.2004	Köpfe des Jahres 2004
10.01.2006	Optimist für die Zukunft
03.09.2002	Kreative Zerstörung
19.03.2008	Neu denken
27.10.2008	Ewige Sphinx
19.04.2009	Mach's noch einmal Joe
12.06.2009	Das Ende der Krise ...
01.02.2010	Jeder gegen jeden ...
04.07.2011	Die Stunde des Josef Ackermann
06.09.2011	Frühwarnsystem Ackermann
25.11.2011	Der Staatsbanker
15.01.2012	Halb Europa
3./4.02.2012	Wer ist Anshu Jain?
20.02.2012	Deutsche Bank vergleicht sich

Frankfurter Allgemeine Sonntagszeitung, Januar 2005 bis März 2012, u. a.:

12.01.2005	Die Deutsche Bank knausert mit den Krediten
06.02.2005	Der Buhmann Josef Ackermann

19.06.2005	Wie konnte das passieren?
18.06.2006	Die zweite Welt ...
05.11.2006	Ackermanns Geschichte(n)
03.02.2008	Happy Birthday
03.05.2009	Ackermanns Coup
10.08.2009	Allzeitbereit
02.11.2009	Die gute Laune
31.01.2010	Gute Banken, schlechte Banken
01.05.2011	Ackermann will Weber
15.05.2011	Nachfolger
20.11.2011	Ein Ackermann muss gehen
22.01.2012	Die Banken machen sich ganz klein

Die Welt, Mai 2000 bis März 2012, u. a.:

19.05.2000	Herz der Deutschen Bank
30.01.2002	Die Macht am Main
03.02.2005	Eine Story ...
20.12.2005	Freund in Deutschland
16.05.2007	Mann im Glück
08.02.2008	Postbank
17.03.2008	Moral-Umfrage
29.10.2008	Ackermanns Sehnsucht
06.02.2009	Bad Bank
07.07.2011	Börsig/Ackermann
16.11.2011	Misslungene Werbetour

Börsen-Zeitung, November 1997 bis März 2012, u. a.:

21.11.1997	Integriertes Risikomanagement
06.02.2004	Standort Deutschland
12.02.2005	Anti-Ackermann-Agitation
20.06.2006	Josef Ackermann hat ...
19.07.2006	IWF sollte ...
22.06.2007	Ackermann warnt ...
08.02.2008	Ackermanns Meisterwerk
29.11.2008	Das Investmentbanking
28.04.2009	Bis 2012
11.05.2011	Die N-Frage

01.09.2011	Befriedung der Deutschen Bank
26.10.2011	Der entzauberte Ackermann

Der Platow Brief, Februar 2002 bis März 2012

01.02.2002	Ackermanns Allmachtträume
02.08.2002	Ackermann drückt Stempel auf
17.12.2003	„Finanz-Oskar“
07.02.2005	Abschlussreigen der Banken
19.09.2008	Kontraindikator
04.09.2005	Lehren aus der Finanzkrise
16.11.2011	Ackermanns Notbremse

Der Tagesspiegel, u. a.:

22.02.2003	Schwaches Bild
08.09.2005	Deutsche Bank ändert Strategie
09.07.2009	Ehrlichkeit
08.06.2011	Merkel
12.07.2011	Die Sprache des Geldes
19.10.2011	Hinter der Tür

Frankfurter Neue Presse, September 2000 bis März 2012, u. a.:

22.09.2000	Deutsche Bank regelt ...
23.05.2002	Abschied mit Seitenhieb
04.02.2005	Ackermann streicht ...
21.10.2008	Der Buhmann
22.11.2009	Präsidenten ...
25.11.2011	Bankenkritiker
03.02.2012	Rote Zahlen

Frankfurter Rundschau, Mai 2002 bis März 2012, u. a.:

23.05.2002	Aktionäre stellen Kritik
17.01.2003	Denkblockade
07.02.2005	Simonis nennt Ackermann „zynisch“
05.02.2005	Empörung über Stellenstreichung
10.02.2005	Ackermann ist angesehen
25.08.2009	Buffet
03.02.2012	Vom Scheitern

International HeraldTribune, u. a.:

11.06.2011	Banker at a pinnacle ...
15.11.2011	Leader of Deutsche Bank

The Wall Street Journal Europe, Juni 1999 bis März 2012, u. a.:

02.06.1999	Mannesmann Names New Officer
22.09.2000	Deutsche Bank Taps Ackermann
04.02.2005	Deutsche Bank
15.11.2011	Ackermann to End
08.12.2011	Bomb sent ...

Tages-Anzeiger, Schweiz, u. a.:

15.07.2011	Die Provokation in Person

Berliner Zeitung, u. a.:

29.07.2009	Ackermanns Wechselbad
01.09.2004	Kapitalismuskritiker

dradio.de, u. a.:

17.06.2007	Interview mit Ackermann

Rheinischer Merkur, u. a.:

20.11.2008	Falsche Annahmen

The New York Times, u. a.:

06.02.2004	Flirtation with Citigroup
22.09.2004	Top Executive Ranks

Risk Management, September 1999 bis März 2012, u. a.:

Sept. 1999	Deutsche Bank's new direction

PR Magazin, u. a.:

01.06.2008	Deutsche Bank

Schweizer Illustrierte, u. a.:

01.12.2005	Zurück in die Zukunft

Park Avenue, u. a.:

01.09.2006	Luxus

Capital, April 2000 bis März 2012, u. a.:

20.04.2000	Sprecher ohne Macht
07.02.2002	Eine Frage der Macht
08.01.2004	Ein schwieriger Prozess
24.06.2004	Die Zerreiß-Probe
5/2009	Die Erblast

Focus, u. a.:

01.10.2003	Planziel: Top Ten (Focus Money)
28.12.2009	Klassenbester
01.02.2010	Milliarden-Spiel

Manager Magazin, November 2000 bis März 2012, u. a.:

Nov. 2000	Gunst der Stunde
Mai 2002	Deutsche Bank
01.10.2004	Kredit verspielt
11/2008	Zwei Gesichter
26.05.2011	Ackermanns Eierlauf (mm.de)
9/2011	Tollhaus Deutsche Bank

Der Spiegel, von Februar 2000 bis März 2012, u. a.:

14.02.2000	Chance für Ackermann
09.02.2004	Übernahme von innen
27.09.2004	Macht ohne Kontrolle
23.05.2005	Ackermanns Welt
28.05.2005	Viele sagen: Weiter so!
22.01.2007	Interview Ackermann
03.03.2008	Wir sind doch keine Unmenschen
05.10.2009	Es hat alles einen Preis
14/2010	Der Getriebene
30.05.2011	Ackermanns Herrschaft
17.10.2011	Showdown um Mitternacht
5/2012	Die Zocker AG

WirtschaftsWoche, von Dezember 1998 bis März 2012, u. a.:

10.12.1998	Mal wieder Kronprinz
18.05.2000	Grüezi Deutsche Bank
01.08.2002	Hoch fallen
27.02.2003	Auf einem Vulkan
09.10.2003	Ende der Pfauen
23.09.2004	Deutsche Lloyds
26.05.2005	Tief getroffen
14.04.2008	Der Weise aus dem Sorgenland
03.11.2008	Hau den Banker
09.03.2009	Augen zu und durch
22.06.2011	Lähmende Hakelei
01.08.2011	Riskante Rochade
12.09.2011	Der Wackelkandidat

Bildnachweis

Seite 97:	Deutsche Bank
Seite 98:	Deutsche Bank
Seite 99:	Deutsche Bank
Seite 100:	DDP
Seite 101:	Deutsche Bank
Seite 102:	DPA
Seite 103:	Deutsche Bank
Seite 104:	Deutsche Bank
Seite 105:	Deutsche Bank
Seite 106:	DPA
Seite 107:	DDP
Seite 108:	DDP
Seite 109:	Deutsche Bank
Seite 110:	Deutsche Bank
Seite 111:	Alexandra Pauli
Seite 112:	Deutsche Bank

Der Autor

Manfred Pohl (*1944 in Bliesransbach) studierte Germanistik, Geschichte, Philosophie und Volkswirtschaft an den Universitäten in Saarbrücken und Frankfurt am Main. Er leitete viele Jahre das Historische Institut der Deutschen Bank und führte von 2002 bis 2004 alle Kulturaktivitäten der Deutschen Bank weltweit zusammen.

Seit 1981 lehrt er an der Johann Wolfgang Goethe-Universität Frankfurt am Main, die ihm 1992 die Honorarprofessur verlieh.

1976 gründete er die Gesellschaft für Unternehmensgeschichte, 1990 die European Association for Banking and Financial History und 2003 das Institute for Corporate Culture Affairs. Er ist Initiator und geschäftsführendes Vorstandsmitglied des im Jahr 2008 gegründeten Frankfurter Zukunftsrates.

2001 erhielt Manfred Pohl den „Europäischen Kulturpreis", verliehen durch die Europäische Kulturstiftung Pro Europa im Europäischen Parlament in Straßburg. Für sein gemeinnütziges Wirken für die Gesellschaft wurde er 2011 mit dem Verdienstkreuz 1. Klasse der Bundesrepublik Deutschland ausgezeichnet.